星云法语

生活·讀書·新知 三联书店

07

人生的锦囊

真理

星云大师 著

Copyright © 2015 by SDX Joint Publishing Company
All Rights Reserved.
本作品版权由生活·读书·新知三联书店所有。
未经许可,不得翻印。
本书由上海大觉文化传播有限公司独家授权出版中文简体字版。

图书在版编目(CIP)数据

人生的锦囊:真理/星云大师著.—北京:生活·读书·新知三联书店,2015.5

(星云法语)

ISBN 978-7-108-05224-7

Ⅰ.①人… Ⅱ.①星… Ⅲ.①佛教-人生哲学-通俗读物 Ⅳ.①B948-49

中国版本图书馆 CIP 数据核字(2015)第 020178 号

责任编辑	罗 康
封面设计	储 平
责任印制	卢 岳 张雅丽

出版发行 生活·讀書·新知 三联书店
 (北京市东城区美术馆东街22号)
邮 编 100010
印 刷 三河市嘉科万达彩色印刷有限公司
版 次 2015年5月北京第1版
 2015年5月北京第1次印刷
开 本 880毫米×1230毫米 1/32 印张 7.75
字 数 166千字
印 数 00,001—12,000册
定 价 28.00元

总序　十把钥匙

星云大师

《星云法语》是我在台湾电视公司、"中国电视公司"、"中华电视公司"三十年前的"三台时代",为这三家电视台所录像的节目。后来在《人间福报》我继《迷悟之间》专栏之后,把当初在三家讲述的内容,再加以增补整理,也整整以三年的时间,在《人间福报》平面媒体与读者见面。

因为我经年累月云水行脚,在各地的佛光会弘法、讲说,断断续续撰写《星云法语》,偶有重复,已不复完全记忆。好在我的书记室弟子们,如满义、满观、妙广、妙有、如超等俄而提醒我,《人间福报》的存稿快要告罄了,由于我每天都能撰写十几则,因此,只要给我三五天的时间,我就可以再供应他们二三个月了。

像这类的短文,是我应大家的需要在各大报纸、杂志上刊登,以及我为徒弟编印的一些讲义,累积的总数,已不下两千万字了。《星云法语》,应该说是与《迷悟之间》、《人间万事》同一性质的短文,都因《人间福报》而撰写。承蒙读者鼓励,不少人希望结集成书,香海文化将这些文章收录编辑,文字也有百余万字,共有十集,分别为:一、精进;二、正信;三、广学;四、智慧;五、自觉;六、正见;

七、真理；八、禅心；九、利他；十、慈悲。

　　这套书在《人间福报》发表的时候，每篇以四点、六点，甚至八点阐述各种意见，便于记忆，也便于讲说，有学校取之作为教材。尤其我的弟子、学生在各处弘法，用它作为讲义，都说是得心应手。

　　承蒙民视电视台也曾经邀我再比照法语的体裁，为他们多次录像，并且要给我酬劳。其实，只要有关弘法度众，我都乐于结缘，所以与台湾的四家无线电视台都有因缘关系。而究竟《星云法语》有多大的影响力，就非我所敢闻问了。

　　承蒙知名学者李家同教授、洪兰教授、台中胡志强市长，以及善女人赵辜怀箴居士，为此套书写序，一并在此致谢。

　　是为序。

于佛光山开山寮

推荐序一　宗教情怀满人间

李家同

星云大师的最新著作《星云法语》十册套书,香海文化把部分的文稿寄给我,邀我为序。8月溽暑期间,我自身事务有些忙碌;但读着文稿里星云大师的话,却能感觉到欢喜清凉。

《星云法语》里面有一篇我很喜欢,其中写道:"要有开阔包容的心胸、要有服务度生的悲愿、要有德学兼具的才华、要有涵养谦让的美德。"

多年来我从事教育工作,希望走出狭义的精英校园空间,真正帮忙各阶层弱势学生。看着莘莘学子,我想我和星云大师的想法很接近吧,就是教育一定要在每个角落中落实,要让最弱势的学生,能个个感受到不被忽略、不受到城乡资源差别待遇。

青年教育的目的,不就是教育工作者,希望能教养学生,成为气度恢弘的国民吗?

为勉励青年,星云大师写下"青年有强健的体魄,应该发心多做事,多学习,时时刻刻志在服务大众,念在普度众生,愿在普济社会"。

星云大师的话,让我想起《圣经》里的箴言:

"有了信心,又要加上德行;有了德行,又要加上知识;有了知识,又要加上节制;有了节制,又要加上忍耐;有了忍耐,又要加上虔敬;有了虔敬,又要加上爱弟兄的心;有了爱弟兄的心,又要加上爱众人的心。"(《圣经·彼得后书》)

宗教情怀,就是超越一切的普济精神。人间的苦难,如果宗教精神无以救济,那么信仰宗教毫无意义。不论是佛陀精神,或是基督精神,以慈爱的心处世,我想原则上没有什么不同。尤其是青年人,更应细细体会助人爱人的真谛,在未来起着社会中坚的作用。这样,我们现在办的教育,才真正能教养出"德学兼具"的青年,让良善能延续,社会上充满不汲汲于名利,助人爱人的和谐气氛。

香海文化出版的《星云法语》,收录了精彩法语共计1080篇,每一篇均意味深长,适合所有人用以省视自己,展望未来。"现代修行风"不分基督、佛陀,亲切的圣人教诲,相信普罗大众都很容易心领神会。

如今出版在即,特为之序。

(本文作者为台湾暨南大学教授)

推荐序二　安心与开心

洪　兰

在乱世,宗教是人心灵的慰藉,原有的社会制度瓦解了,一切都无法制、无规章,人民有冤无处伸,只有诉诸神明,归诸天意,以求得心理的平衡。所以在东晋南北朝时,宗教盛行,士大夫清谈,把希望寄托在另一个世界。历史证明那是不对的,这是一种逃避,它的结果是亡国。智者知道对现实的不满应该从改正不当措施做起,众志可以成城,人应该积极去面对生命而不是消极去寄望来生。星云大师就是一个积极入世的大师,他在海内外兴学,风尘仆仆到处弘法,用他的智慧来开导世人,他鼓励信徒从自身做起,莫以善小而不为,当每个人都变好时,这个社会自然就好了。这本书就是星云大师的话语集结成册,印出来嘉惠世人。

人在受挫折、有烦恼时,常自问:人生有什么意义,活着干什么?大师说,人生的意义在创造互惠共生的机会,这个世界有因你存在而与过去不同吗?科学家特别注重创造,就是因为创造是没有你就没有这个东西,没有莫扎特就没有莫扎特的音乐,没有毕加索就没有毕加索的画,创造比发现、发明的层次高了很多,人到这个世上就是要创造一个双赢的局面,不但为己,也要为人。英文谚语有一句：Success is when you add the value to yourself. Significance is when you add the value to others. 只有对别人也有利时，你的成功才是成功。所以大师说，生命在事业中，不在岁月上；在思想中，不在气息上；在感觉中，不在时间上；在内涵中，不在表相上。这是我所看到谈生命的意义最透彻的一句话。

挫折和灾难常被当作上天的惩罚，是命运的错误；其实挫折和灾难本来就是人生的一部分，不经过挫折我们不会珍惜平顺的日子，没有灾难不会珍惜生命。人是高级动物，是大自然中的一分子，不管怎么聪明、有智慧，还是必须遵行自然界的法则，所以有生必有死，完全没有例外。但是人常常参不透这个道理，历史上秦始皇、汉武帝这种雄才大略的人也看不到这点，所以为了求长生不老，倒行逆施，坏了国家的根基，反而是修身养性的读书人看穿了这点。宋代李清照说"今手泽如新，而墓木已拱……然有有必有无，有聚必有散，乃理之常。人亡弓，人得之，又胡足道"。看透这点，一个人的人生会不一样，既然带不走，就不必去收集，应该想办法去用有限的生命去作出无限的功业。

一个入世的宗教，它给予人希望，知道从自身做起，不去计较别人做了什么，只要去做，世界就会改变。最近有法师用整理回收物的方式带信徒修行，他不要信徒捐献金钱，但要他们捐献时间去回收站做义工，从行动中修行。我看了这个报道真是非常高兴，因为研究者发现动作会引发大脑中多巴胺（dopamine）这个神经传导物质的分泌，而多巴胺跟正向情绪有关，运动完的人心情都很好，一个跳舞的人即使在初跳时，脸是板着的，跳到最后脸一定是笑的。所以星云大师劝信徒，从动手实做中去修行是最有效的修行，对自己对社会都有益。

在本书中,大师说生活要求安心,心安才能体会人生的美妙,才听得到鸟语,闻得到花香,所以修行第一要做到心安,既然人是群居的动物,必须要和别人往来,因此大师教导我们做人的道理,列举了人生必备的 10 把钥匙,书的最后两册是要大家打开心胸,利他与慈悲,与一句英谚 You can give without loving, you can never love without giving 相呼应。不论古今中外,智者都看到施比受更有福。

希望这套书能在目前的社会中为大家浮躁的心灵注入一股清泉,人生只要心安,利人利己地过生活,在家出家都一样在积功德了。

(本文作者为台湾阳明大学神经科学研究所教授)

推荐序三　法钥匙神奇的佛

胡志强

星云大师,是我一直非常尊敬与佩服的长者。

长久以来,星云大师所领导主持的佛光山寺与国际佛光会,闻声救苦,无远弗届,为全球华人带来无尽的希望与爱。

大师的慈悲智慧与宗教情怀,让许多人在彷徨无依时,找到心灵的依归。另一方面,我觉得大师潇洒豁达、博学多闻,无论是或不是佛教徒,都能从他的思想与观念上,获得启迪。

星云大师近期出版的《星云法语》,收录了大师1080篇的法语,字字珠玑,篇篇隽永。

我很喜欢这套书以"现代佛法修行风"为诉求,结合佛法与现代人的生活,深入浅出地阐释。尤其富有创意的是,以十册"法语"打造了十把"佛法钥匙",打开读者心灵的大门,带领我们从不一样的角度,去发现与体会生活中的点点滴滴。

以《旅游的意义》这篇文章为例:

"……就像到美国玩过,美国即在我心里;到过欧洲度假,欧洲也在我心里,游历的地区愈丰富,就愈能开阔我们的心灵视野。

当我们从事旅游活动时,除了得到身心的纾解,心情的愉悦之外,还要进一步获得宝贵的知识。除了外在的景点外,还可以增加一些内涵,作一趟历史文化探索之旅,看出文化的价值,看出历史的意义。

比方这个建筑是三千年前,它历经什么样的朝代,对这些历史文化能进一步赏析后,那我们的生命就跟它连接了。"

"我们的生命就跟它连接了"这句话,让我印象十分深刻,生动描述了"读万卷书,行万里路",正是一种跨越时空的心灵宴飨。

在《快乐的生活》一文中,大师指点迷津。他说:"名和利,得者怕失落,失者勤追求,真是心上一块石头,患得患失,耿耿于怀,生活怎么能自在?"

因此"身心要能健康,名利要能放下,是非要能明白,人我要能融和"。

在《欢喜满人间》这篇文章中,大师指出:人有很多心理的毛病,例如忧愁、悲苦、伤心、失意等。佛经形容人身难得如"盲龟浮木",一个人在世间上一年一年地过去,如果活得不欢喜,没有意义,那又有什么意思?如何过得欢喜、过得有意义?

他提出几点建议:"要本着欢喜心做事,要本着欢喜心做人,要本着欢喜心处境,要本着欢喜心用心,要本着欢喜心利世,要本着欢喜心修行。"

看到此处,我除了一边检视自己在日常生活中做到了多少?另一方面,也希望把"欢喜心"的观念告诉市府同仁,期许大家在服务市民时认真尽责之外,还能让民众体会到我们由衷而发的"欢喜心"。

而《传家之宝》一篇中所提到的观点,也让为人父母者心有戚戚焉。

　　大师说：一般父母，总想留下房屋田产、金银财富、奇珍宝物给子女，当作是传家之宝；但是也有人不留财物，而留书籍给予子女，或是著作"家法""庭训"，作为家风相传的依据。乃至禅门也有谓"衣钵相传"，以传衣钵，作为丛林师徒道风相传的象征。

　　他认为"传家之宝"有几种：包括宝物、道德、善念与信仰。到了现代，书香、善念、道德、信仰更可以代替钱财的传承，把宗教信仰传承给子弟，把善念道德传给儿孙，把教育知识传给后代。

　　"人不能没有信仰，没有信仰，心中就没有力量。信仰宗教，如天主教、基督教、佛教等，固然可以选择，但信仰也不一定指宗教而已，像政治上，你欢喜哪一个党、哪一个派、哪一种主义，这也是一种信仰；甚至在学校念书，选择哪一门功课，只要对它欢喜，这就是一种信仰。有信仰，就有力量，有信仰，就会投入。能选择一个好的宗教、好的信仰，有益身心，开发正确的观念，就可以传家。"

　　细细咀嚼之后，意味深长，心领神会。

　　星云大师一千多篇好文章，深刻而耐人寻味，我在此只能举出其中几个例子。很感谢大师慷慨分享他的智慧结晶，让芸芸众生也有幸获得他的"传家之宝"。

　　在繁忙的生活中，每天只要阅读几篇，顿时情绪稳定、思考清明、心灵澄静。有这样的好书为伴，真的"日日是好日"！

（本文作者为台中市市长）

推荐序四 人生的智慧和导航

赵辜怀箴

我一直感恩自己能有这个福报,多年来能跟随在大师的身边,学习做人和学习佛法。每一次留在大师身边的日子里,都可以接触到许多感动的心,和感动的事;每一次都会让我感觉到,这个世界真的是非常的可爱。

大师说:他的一生就是为了佛教。这么多年来,大师就这样循循地督促着自己,为此,马不停蹄地一直在和时间做竞跑。大师的一生,一向秉持着一个慈悲布施、以无为有的胸怀,做大的人,做大的事。如果想要问大师会不会和我们一样斤斤计较?我想他唯一真正认真计较的事,就是,对每一天的每一分和每一秒吧!

在大师的一生里,大师从来不允许自己浪费任何一分一秒的时间;无论是在跑香、乘车、开会、会客或者进餐;大师永远都是人在动,心在想,手在做,眼观六路,耳听八方,把1分钟当10分钟用;在高效率中不失细腻,细腻中不失大局,大局中不失周全;周全里,充满了的是大师对每一个人无微不至的关怀和体贴。

大师自从出家以来,只要是为了弘法,大师从来不会顾及自己的健康和辛苦,数十年如一日,南奔北走,不辞辛劳地到处为信徒开示演讲；只要有多余的时间，大师就会争取用来执笔写稿；年轻时也曾经为了答应送一篇文稿给出版社，连夜乘坐火车，由南到北。大师从年轻时就非常重视文化事业，大师也坚信用文字来度众生的重要。大师一生一诺千金，独具宏观，不畏辛苦，忍辱负重，在佛教界树立了优良的榜样，对现代佛教文化事业得以如此的发达，具有相当肯定的影响力。到目前为止，大师出版的中英文书籍，已经不下数百本。

记得在20世纪60年代的时候，大师鉴于电视弘法不可忽视的力量，即刻决定要自己出资，到电视公司录制作晚上8点档的《星云法语》，使其成为台湾第一个在电视弘法的节目。我记得大师的《星云法语》是在每天晚间新闻之后立即播出，播出的时间是5分钟，节目的制作，既"精"又"简"。节目当中，配合着简单明了的字幕，听大师不急不缓地娓娓道来，让观众耳目一新，身心受益。

这个节目播出之后，立即受到广大观众的喜爱和回响。大师告诉我，在节目播出之后不久，由于收视率很好，电视公司自动愿意出资，替大师制作节目；大师从此不但有了收入，也因此多了一个电视名主持人的头衔。这个《星云法语》的电视节目，也就是今天所出版的《星云法语》的前身。

佛光山香海文化公司精心收录的《星云法语》即将出版。这一条佛法的清流，是多年来星云大师为了这个时代人心灵的需求，集思巧妙地运用生活的佛教方式，传授给我们无边的法宝。每一篇，每一个法语，星云大师都透过对细微生活之间的体认，融合了大师在佛法上精深的修行智慧。深入浅出地诠释，高明地把佛法当中的精要，很自然地交织在生活的细致之间，用生活的话，明白地说出现代佛法的修行风范，让读者有如沐浴在法语春风之中的感觉，很自然地呼吸着森林里散发出来的清香，在每一个心田里默默地深耕着。等待成长和收割的喜悦，沐浴着太阳和风，是指日可待的。

今承蒙香海文化公司的垂爱，赐我机会为《星云法语》套书做序，让我实在汗颜；几经推辞，又因香海文化公司的盛情难却，只有大胆承担，还请各位前辈、先学指正。我在此恭祝所有《星云法语》的读者，法喜充满。

（本文作者为国际佛光会世界总会理事）

目 录

卷一 人生的智慧

人生箴言 / 003

人生的忧患 / 005

光明的人生 / 007

快乐的人生 / 009

镜里人生 / 011

人生如行车 / 013

人生的真相 / 015

人生的助缘 / 017

人生的现象 / 019

认知人生 / 021

人生（一）/ 023

人生（二）/ 025

人生诸难 / 027

人生的锦囊 / 029

人生的历练 / 031

健全的人生观 / 033

人生的当下 / 035

人生的智慧 / 037

圆满的人生 / 039

人生的看法 / 041

人生的根本 / 043

人生之最 / 045

人生的津梁 / 047

佛法与人生 / 049

富贵的人生 / 051

充实人生 / 053

人生当自强 / 055

为学与人生 / 057

另一种人生观 / 059　　人生之喻 / 063

花与人生 / 061　　积极的人生 / 065

卷二　生命的真谛

生命的缺憾 / 069　　生活真义 / 093

生命的动力 / 071　　生活的健康 / 095

生命的助力 / 073　　如何拥有宗教体验

生命的真谛 / 075　　生活 / 097

生命的真义 / 077　　生活的真义 / 099

洞悉生命 / 079　　安心的生活 / 101

生命的常乐我净 / 081　　世间生活 / 103

健康的生活 / 083　　如何生活 / 105

爱惜生活 / 085　　生活的开展 / 107

健康生活 / 087　　生活品味 / 109

生活的自在 / 089　　生活的解脱 / 111

生活之要 / 091

卷三　开发自我

自我经营 / 115　　自我鞭策 / 127

开发自我 / 117　　找到自己 / 129

自我健全（一） / 119　　自律箴言 / 131

自我健全（二） / 121　　自在之法 / 134

自我健全（三） / 123　　自我觉察 / 136

健全自我 / 125　　自设的陷阱 / 138

超度自己 / 140
自制的力量 / 142
改善自己 / 144
自我雕琢 / 146
自我进步 / 148
自持之方 / 150
调御己行 / 152
自我进德 / 154
自求多福 / 156
战胜自己 / 158

尊重自己 / 161
善待自己 / 163
找回自心 / 165
开发自我 / 167
如何了解自己 / 169
如何自我成熟 / 171
怎样找到自己的心 / 173
自我成就 / 175
自强 / 177
自制 / 179

卷四 人我之间

人我之间 / 183
自我要求 / 185
祸福自招 / 187
群我之德 / 189
律己行善 / 191
己立立人 / 193
群我之间 / 195
人我之忌 / 197
交友之忌 / 199
自然益友 / 201
世间逆增上缘 / 203

积极的群我关系 / 205
积极的物我关系 / 207
护他正法 / 209
使人信受 / 211
与人相交 / 213
身心修养 / 215
慎心进德 / 217
中道 / 219
德化之美 / 221
口舌之忍 / 223
惜福 / 225

卷一 | 人生的智慧

智慧,是无形的财富,
有智慧的人,心胸包罗万有,
所以有智慧的人最富贵。

人生箴言

朋友的可贵,在于能够相互劝善规过,所谓"以苦口为良药,救自救他;以良言为针砭,利己利人"。做人很多时候需要善知识好友的提携、指导,如孟郊的《劝友诗》说:"人生静躁殊,莫厌相箴规。"别人的忠言劝谏之外,能够从生活中深思生命的意义,进而自我惕厉、自我提升,更是圆满人生的最佳"箴言"。关于人生的箴言,有四点说明:

第一,人生以无常为警策

"盖世功名,无非大梦一场;惊人富贵,难逃无常二字"。无常是人生的实相,人有生老病死,这就是无常的显现。因为无常,所以时间会流逝;因为无常,所以人事会变异。因为无常,所以我们要警策自己把握时间、把握机缘、把握人生,千万不能放逸。能由"无常"悟出"缘起缘灭"的真理,必能精进。

第二,处事以尽心为有功

海豚尽力演出,才有人喝彩;做人凡事竭尽心力,才能内省不疚。在日常生活中,只要对人有益而无害的善事,都应尽心尽力去做,甚至不仅尽力而为,而且要多多益善。能够尽心尽力做好应做之事,就算有功,至于成功或失败,那已不是最重要的事了。

第三,遇险以不乱为定力

人遇到危险的时候,容易紧张慌乱,一紧张就容易出乱子,所以遭逢险难时要先把自己稳定下来,能够冷静沉着,才能应变,才能自救。已故哲学大师方东美先生,一次在游泳时险遭溺毙,后经他静心以对,将生死置之度外,反而死里求生。这就是儒家所说的"静而后能定,定而后能虑,虑而后能安"。所以遇险以不乱为定力。

第四,济物以慈悲为根本

慈悲是净化的爱,是无私而不求回报的奉献,以慈悲心布施,心中没有企图、没有贪念,完全以利人为本,所以有了慈悲,人间就有了光明与希望。甚至能以慈悲待物,则花草树木都会回报我们以繁茂青翠,昆虫飞鸟也会酬谢我们以悦耳鸣唱。慈悲所到之处,无往不利,以慈悲济物利人,这是做人的根本。

河水要有渠道才能流入大海,人生要有箴言才能走上正途。

人生的忧患

人生的前景,每一刻都充满了不可知的变数,处在忧患之中,只要退一步思量,则能自解,此乃处忧患之大法。人生的忧患有四点:

第一,子孙不患少,而患不才

过去农业时代,家家户户需要大量的人手帮忙下田,因此莫不希望家中人丁旺盛,而有所谓"多子多孙多福气"之说。其实子孙多,如果不能好好教育,长大后不成器,不如少养几个,好好培育,让他才德健全,不但光耀门楣,也不致危害社会,所以子孙不患少,而患不才。

第二,产业不患贫,而患难守

中国俗谚说:"富贵不过三代",这是因为许多富有人家,祖先辛苦创业,遗留给子孙丰富的财产,后代子孙因为不曾吃苦,不能体会来之不易,于是胡乱挥霍,结果三代积聚,一代花光,此即所谓"创业维艰,守成更难"。所以对于家财事业不怕少,怕只怕有了一点产业,不肖子孙不能守成。因此有人说,留给子孙万贯家财,不如让他一技在身。

第三,家道不患衰,而患无志

世间无常,凡事不可能一成不变,所以世道兴衰,有起有落,本是自然的循环。有的人家道中落,但是子孙争气,很快就能再度振兴。有的人事业兴隆,却养了一群纨绔子弟,难保有一天不被败光。所以家道时兴时衰,不足为患,怕的就是子孙没有志气,不能振兴家业,不能光宗耀祖,那就是家门不幸了。

第四,交友不患寡,而患从邪

俗语说:"严师不如益友",人从小就要亲近师友,学习礼仪。什么才是值得结交的好朋友呢?古人有谓"友直、友谅、友多闻"。朋友要知识广博,要为人耿直,要能相互体谅、相互规过。好的朋友不必多,只要能得一二知己,就不负平生了。怕的是朋友很多,却都是一些邪友、佞友、损友,日久则"近墨者黑",难保不被带坏。所以朋友不怕少,只怕交到邪友,导致身败名裂,可不慎乎。

一个人要有忧患意识,才能事事顾全,要有生死观念,才不至于被生死所缚。能克服一层忧患,生命就多放一道光彩;能突破一层困难,生命就多一分价值。

光明的人生

千年暗室,因点亮油灯而顿生光明;内心昏暗,因忏悔发愿而重见光明。光明人人需要,日月星辰因为给了人间光明,因此为人所歌颂。人生的光明,要靠自己创造。如何创造光明的人生?有四点意见:

第一,做人要正正确确地思想

思想是现实之因,现实是思想之果;有因才有果,有思想才能开发智慧。做人可以有理想、有梦想,甚至可以有幻想,想金钱、想爱情,想做官、想为王,想这个、想那个。再多的想法都没有关系,但是重要的是要有思想,而且思想要正确,要正正当当地想、正正确确地想,否则因地不正,果招迂曲,思想不正确,行为自然就会偏差。

第二,做人要实实在在地做事

孙中山先生说:"立志,是要做大事,不可要做大官"。其实不管当官、做事,甚至经商营利、做工赚钱,随便你做什么,重要的是实实在在地做,不要虚而不实,不要投机取巧,不要敷衍失职;一个浮而不实的人,永远不会受人重视。所以,不管做人做事,不要离开四个字:"实实在在",实实在在地做人,实实在在地做事,根本才会牢固。

第三,做人要愉愉快快地生活

愉快的生活,这是人生的基本要求,如果生活过得不快乐,人生所为何来?所以,我们要活下去,就要愉愉快快地生活。能够活得快乐,活得自在,活得尊严,活得平安,这就是生命的价值。

第四,做人要深深刻刻地学习

人生就是一连串永无止境的学习。做儿女的时候,要学习怎样把儿女做好;做父母的时候,也是要学习如何把父母做好。做人家的属下,要把属下的本分做好,甚至做了领导人,当上了长官,怎样把领导、长官的角色扮演好,也是要学习。不管哪一个阶段的学习,重要的是要深刻地用心学习,才能够学什么就像什么,做什么就像什么。

阳光、空气、水,这是人生三件宝。一个人如果能从自己的心里制造光明的见解、芬芳的思想、洁净的观念,生产阳光、空气、净水般的思想,踏实地做事,用心地学习,快乐地生活,必能拥有一个丰美而光明的人生。

快乐的人生

快乐处处求,快乐在哪里?快乐在金钱爱情里?快乐在青春貌美里?快乐在荣华富贵里?快乐在权势名位里?其实,生活中能够知足、明理、助人、行善,当下就是快乐的人生。有四点说明:

第一,生活知足,富贵随缘

在生活里,怎样才能得到欢喜、安然?满足非常重要。满足就是富贵,你不满足,即使家财万贯,只能称为是富贵的穷人;你很知足,哪怕是粗茶淡饭,也是精神丰实的富人。台湾的客家人,当他们吃过饭之后,你问他:"吃饱了没有?"他说:"我足了",意思就是吃饱了。人懂得满足很重要,你不满足,即使餐餐都是山珍海味也没有用;现在我足了,我很满足,实在很欢喜、很快乐。所以生活里满足很重要,满足带来的欢喜快乐,比富贵更好。

第二,读书明理,名利由他

读书的目的,是为了变化气质,是为了通情达理,是为了学做圣贤事,是为了造福人群大众,读书不能没有正确的观念。有的人读书是为了出名,有的人是为了求利,甚至希望名利双收。万一既无名,也没有利,你就会觉得读书没有价值,所以,读书明理比名利重要。

第三，助人修德，报偿无关

做人"有才不足傲，有德才可贵"；有德者，是非不能扰其心，故为人要有品德，就如做事要有品质。如何修德？对人少一点侵犯，多一点爱护，则德日隆；以淡泊为师，自然可以养德；以恕己之心恕人，必然进德；有过能悔，然后就能增长福德；助成好事、知恩报恩，都是增品进德的最佳途径。此外，贫以无求为德，富以能施为德；能够助人修德而不求报偿，更能圆成自己的德行。

第四，行善为人，利害不计

行善是佛性的开发，是善美人性的显扬。做人要广结善缘，要乐善好施；行善结缘，我们的人生才会更宽阔，命运才会更平坦。所以，平时不管士农工商、政经文教等各行各业，都要抱着为大众、为社会、为国家、为人类服务的心，尽己所能地行善为人。只要有益于全民大众，一己的利害得失不值得计较；能有积德结缘的人生观，才是幸福的根源。

人生的价值，不能只用金钱来衡量；金钱以外，必定另有其意义与功德，例如欢喜快乐，就是其中之一。

镜里人生

以铜为镜,可以正衣冠;以人为镜,可以明得失。做人要经常揽镜自照,才能看清自己的仪容端庄与否;做人更要经常以别人为借镜,所谓"善可为法,恶可为戒",别人的好坏,正可作为我们待人处事的模范与警诫。所以"镜里人生",有四点说明:

第一,轻贱他人即是轻贱自己

人生,其实就是一面镜子,平时所做,镜子都会如实地反映出来,因此做人要时刻自我观照,才能看清自己的本来面目。例如你为人傲慢,平时眼高于顶,对人轻忽鄙视,看不起别人,当下就已显示自己的修养不足,见浅量窄;日子一久,别人也会同样的瞧不起你。所以,轻贱他人,就是自取其辱的开始。

第二,尊重他人即是尊重自己

人和人相处,最在乎的是人格要受到尊重。你平时待人,如果不懂得尊重别人,别人也不会尊重你。例如别人讲话的时候,你要尊重他,听他把话讲完;当别人发表意见的时候,你要尊重他,听他把意见说清楚。有的时候别人一句话还没有说完,你就打断他;有时候人家一件事还没有结论,你就批评他,这都是不尊重别人。

第三,体谅他人即是体谅自己

在很多时候,我们会很轻易地就去责备别人这个不好、那个不行。其实真正轮到自己,又如何呢?有一场棒球赛正进行得如火如荼,观众看得群情激昂。忽然观众席不断传来:"换投手、换投手!"又过一会儿,"换打击手、换打击手!"甚至有人高喊:"换裁判、换裁判!"最后终于有人说:"换观众、换观众!"因为像这样的观众,一直没有体谅别人的心,是不够资格看球赛的。所以体谅别人就是体谅自己。

第四,成就他人即是成就自己

世间一切,都是因缘所成,缘是相互的关系,你助成我,我助成你。在循环不断的因缘关系中,如果一念为己,成就有限;一念为人,则能广结善缘。所以做人不能一味自私,只顾维护自己的利益。有时候我们帮助别人,别人就会帮助我们;我们服务别人,别人就会服务我们。所以成就他人就是成就自己。

别人就是自己的一面镜子。聪明的人可以从别人的错误中纠正自己的错误,智慧的人可以从别人的经验中丰富自己的经验。别人是我们的镜子,也是我们的龟鉴。

人生如行车

人活在世间上,所行所做要合于法律、规矩,就如同汽车行于道路上必须遵守交通规则,如此才能获得平安,所以说"人生如行车",有五点比喻:

第一,不违规超车,人要守分

我们都知道,违规超车是很危险的,人如果不安分守己,就如超车般的危险;反之,如果人人都能守本分,就能遵守交通规则,也就不会有逾越的行为,如此道路必能保持顺畅,驾驶者也能平安地行驶。所以说守本分的人生,才能各安其位;守本分的人生,才能各尽其责;守本分的人生,必定是平安吉祥的人生。

第二,不冲斑马线,行要谦让

有的人开车行经斑马线时,对行人毫不礼让地加速直冲,这是不尊重别人与自己生命的行为。《中庸》云:"君子笃恭而天下平。"如果人人能谦让,如此才能息争。战国时代赵国的宰相蔺相如,主动让路给扬言要羞辱他的大将廉颇,终于感动廉颇心生惭愧,于是"将相和合",而使得有虎狼之心的秦国不敢犯赵。所以谦让的人生,必定是和睦安定的人生。

第三,不抢过道口,事要忍耐

我们常常看到有一些人,经过铁路道口时,为了要节省一点时间,总是争先恐后地强行穿越,因而发生不幸事件。俗语说"小不忍则乱大谋",一时的忍耐,可保百年之身,一时的忍耐,是积蓄力量之源。就如越王勾践,为了报仇雪耻,能忍一时之辱,终成大事。所以忍耐的人生,必定是成就大事的人生。

第四,不硬闯红灯,物要节制

有些人,经过交通信号灯时,看到红灯亮了,明知不可以通行,却要冒险硬闯过去;这就如一个人,明知五欲的危险,却又一再地沉溺其中,甘愿沦为物质的奴隶,而不能自拔。如果一再放纵而不加以节制,则必会导致堕落,以及精神的贫乏。俗云:"滴水能穿石。"如果懂得节制,不过分追求侥幸的人生,必定是安全喜乐的人生。

第五,不乱鸣喇叭,言要缄默

驾驶技术高超的人,是不乱鸣喇叭的,他能心平气和、快慢适度地掌握驾驶的速度与行车的距离,就如一个有德、有学、有修养的人,他在任何场合都能适宜地应对进退,甚至保持缄默,不随便发言,凡事三思而后言、三思而后行,因而能避免不必要的是非。所以缄默的人生,必是涵养达礼的人生。

人生的真相

常有人问:"人,生从何处来?死往何处去?"当初佛陀舍弃世间荣华,出家修道,就是为了寻求生、老、病、死的人生真相。究竟人生的真相是什么呢?有四点:

第一,要知身体不坚,如梦如幻

《涅槃经》里将人的身体比喻为"水沫",是形容人体的不坚固,如水沫般须臾易灭。人体是由地、水、火、风四大和合而成,从婴儿、童年、少年、青年、老年,每个时期都有着不同的变化,所以佛经亦将人体比喻如芭蕉树般脆弱。人如果四大不调则病痛生,四大离散则与世缘尽,因此身体是不坚,是如梦如幻的。

第二,要知生命不久,如泡如影

人生在世数十年,身体到了老病死的时候,生命在哪里?《普贤警众偈》云:"是日已过,命亦随减。"过一天,生命就少一天,就算人生从70岁才开始,即使活到120岁的人生,还是离不开老病死的事实。曹操的《短歌行》中提到"人生几何,譬如朝露",生命,就像朝露,太阳一出来,就蒸发了;生命如水泡,一吹就破了;生命如影子,一入暗地就没有了,所以生命不久,如泡如影。

第三,要知钱财不固,如露如电

俗语说:"大厦千间,夜眠不过八尺;良田万顷,日食几何呢?"每个人都想要拥有钱财,而且从来不嫌多,但是,即使全世界银行的钱财都给你,你能用多少?《大智度论》也说:钱财是五家共有,盗贼会抢劫财物;贪污的官吏会贪污财物;水火、刀兵都会破坏我们的财富;连亲生的恶子,也会将家财败光。所以钱财是不牢固的,是如露如电的。

第四,要知功名不实,如霜如雪

世间上的人,总是汲汲于功名、富贵的营取。其实,荣华富贵、功名利禄是不实在的。你看,多少伟大的人物在高位时,每天往来的权贵门庭若市,一旦下了台,就门可罗雀,朋友就变得不再往来。所以,功名如霜如雪,太阳一出来,就没有了!

人生是无常、苦空、无我的,人唯有看清幻化不实的人生,才能求得一个不执着的真我。

人生的助缘

人生需要很多的助缘,因为人不能单独存在;一个人要仰赖社会大众提供很多的助缘,才能生存。比方说:父母的养育,师长的教导,社会大众的帮助,然后才能照着自己的理想来成功立业,所以人生要为自己寻求很多的助缘。"人生的助缘"有四点:

第一,逆境是磨炼意志的大洪炉

一个人的成功,需要很多的助缘。助缘不一定都是好的、顺的,有时候逆境也可以成为成功的助缘。例如,梅花愈冷愈芬芳,松柏愈冷愈青翠;破铜烂铁经过大冶洪炉,可以烧炼成钢。所以,人不要害怕不顺的逆境,愈是逆境,愈是磨炼我们意志的大冶洪炉。

第二,困苦是完成人格的增上缘

没有黑暗,哪里有光明?没有污秽,哪里有洁净?在人生的旅途上,大石挡路,有的人可能被它绊倒,有的人却可以把它当成登高望远的垫脚石。人的成功与失败,就看他是否能在困苦中完成人格;能把逆境、挫折化为"增上缘"的人,顺因缘固然可以助其成功,不顺的因缘也可以激发潜在的力量,成为励志向上的"逆增上缘"。

第三,信心是到达目标的原动力

人要有信心,有信心不怕路途遥远,有信心不怕事情艰难,必定可以到达目的地。信心就像能源,在漫漫的人生旅途上,有信心的人就像一部加满汽油的汽车,必能顺利跑完全程,所以每个人要建立信心,让信心的动力带领我们实现理想。

第四,理想是建设人生的指南针

人都有理想,有的人希望成圣成贤,有的人希望成佛作祖,有的人希望成功立业,有的人希望成为专家学者,有的人希望牺牲奉献。人,总要对自己的人生建立一分理想,理想可以成为我们建设人生的指南针;不管任何理想,总要对国家有利益、对社会有利益、对大众有利益,这才是善美的理想。

人生不如意事十之八九,但是艰难困苦可以打倒一个普通的人,却挫败不了一个有为的青年;一个人如果能把逆境、困苦、信心、理想,都成为自己人生的助缘,必能成功立业。

人生的现象

有人说,人生如戏;有人说,人生如梦;也有人说,人生如棋、如球、如战场、如浮萍、如逆旅等。不管把人生譬喻成什么,在现实的生活里,人生有苦有乐、有成有败、有得有失、有生有死,这都是自然的现象,说明如下:

第一,有苦有乐的人生是充实的

人生苦乐参半,因此在十法界里,人间最好修行。但是,有的人觉得人生很苦,感觉不到人生的意味;有的人光是快乐,没有经过苦的奋斗,他也体会不出人生的意义。所以,有苦有乐的人生才是充实的。

第二,有成有败的人生是合理的

有的人一生顺遂,从小到大,学业顺利、事业成功、爱情美满,无论做什么事情都很如意;有的人则是挫折连连、坎坷不断,创业失败、钱财散失、情人远离,事事都难顺己心。其实,不管成败,都有一定的因果关系,成有成的原因,败有败的理由,成败都是一时的。所以,不以一时的成败论英雄,也不要因一时的成功而志得意满,更不能为了一时的失败而灰心丧志;认清有成有败的人生是合理的,就能胜不骄、败不馁。

第三,有得有失的人生是公平的

得失之心,人皆有之。一般人莫不"得则欢喜,失则悲伤";豁达一点的人,则以"得之我幸,不得我命"来面对得失。其实,不管消极悲观或积极乐观地看待得失,有得有失的人生是公平的;所谓"失之东隅,收之桑榆",有时候"塞翁失马,焉知非福",有时候"因小失大、乐极生悲",所以得失并非绝对的。

第四,有生有死的人生是自然的

人,有生必然有死,生死是自然的因果循环。每个人生下来,就注定有一天必然会死;死了,也一定会有再生的一天,只是未来三涂六道、驴胎马腹,出生为何,就必须视个人的业力而定了。因为生和死是自然的现象,所以我们不必因为生而欢喜,也无须为死而悲哀;要能以自然的心情来看待生死,才能解脱自在。

说到人生的各种现象,不管苦乐、成败、得失、生死,乃至善恶、好坏、荣辱、有无,这都是人生的实相,但也都是一时的假相;因为人生无常,所以我们应该理性而有智慧地看待人生的各种现象。

认知人生

常有人问:"人,生从何来?死往何去?"究竟人生的真相是什么?我们如何认知人生?有四点看法:

第一,要知身体不坚,如泡如影

希求长寿,这是古今中外,不管帝王将相、平民百姓一致的梦想。但是人的一期生命,因为肉身之体不能长久,所以古来多少帝王总在希求长生不死的梦碎之余抱憾而终。人的身体何以不能永久不坏?身体乃由地、水、火、风四大因缘和合而有,因此是无常的。我们的身体,从婴儿呱呱坠地,经过童年、少年、青年到老年,身体一天天都在变化,就如泡如影一般,是不坚固、不实在的,所以人生百年之后,"万般带不去,唯有业随身",身体无法跟着我们走,唯有把握有生之年,借助此身,好好地修道、行善,这种善业功德才是永恒不失的。

第二,要知生命不久,如梦如幻

人的生命体是由五种元素所组成,佛教称为"五蕴",也就是色、受、想、行、识。色蕴属生理,是父母所生的四大假合之身;受、想、行、识四蕴属心理,是触境所起的幻妄之心,相当于心理学上所说的感情、观念、意志、认识。何以说生命不久,如梦如幻?就物质方面来说,色蕴是四大假合而有,本无实性;就精神方面来说,受、想、行、识等四蕴都是对境而生。所对的色蕴既非实有,能对的四蕴自然也是假合之相;心物二法,当体皆空,所以有谓"五蕴非有",这是佛教"无我观"的具体表现。

第三,要知钱财不固,如露如电

人在世间生存,不能没有物质生活,当然也就离不开金钱、财物。佛教并不排斥正当的拥有财富,但是主张人不要贪财,所谓"大厦千间,夜眠不过八尺;良田万顷,日食几何?"钱财够用就好。尤其拥有金钱,不如善用金钱,因为佛教讲,财富是五家共有:盗贼会抢劫、贪官污吏会贪污、水火刀兵会破坏、不肖子孙会败家,所以钱财不固,如露如电;唯有善用智慧,才是永恒的财富。

第四,要知功名不实,如霜如雪

功名富贵是世人所希求,古人十年寒窗苦读,就是希望有朝一日能建功成名,获得荣华富贵。然而功名是不实在的,历史上多少功勋彪炳的显赫人物,虽然功在庙堂,风光一时,但是"薪火相交,纵性不停",一个不小心,很容易就"朝为座上客,暮为阶下囚",正所谓"荣华总是三更梦,富贵还同九月霜",功名之不实在,正如霜雪一般,太阳出来,它就消逝无踪了!人生的真相是无常、苦空、无我,我们唯有去除不真的人生,才能求得一个超脱的、自在的真我。

人生(一)

《庄子·知北游》云:"人生天地之间,若白驹之过隙,忽然而已"。每个人的人生,都有过去、现在、未来,乃至当下的时间。一般人对人生的把握,愚痴的人追悔过去,好高骛远的人幻想未来,本分踏实的人觉得现在最重要,智慧的人则懂得把握当下。从每个人的人生观不同,也可以反映人生的面面观。关于"人生"有四点看法:

第一,人生最系念者是过去

人,都有怀旧的习性,大都喜欢回忆过去,所谓"白头宫女话当年",过去好像总比现在美丽。但是,过去的终究已经"时过境迁",就算夕阳无限好,也只是近黄昏。因此,英雄不提当年勇,人不能沉溺在过去的回忆里;一个人如果总是系念过去,就表示他已经衰老、落伍了,他已经没有现在,甚至没有未来。

第二,人生最希望者是未来

人生最美好的事,就是活在希望里,有希望才有未来。希望在哪里?一般人总把希望寄托在未来,凡是现在没有办法完成的理想,总是期待未来会实现。然而人生不能只是凭空希望未来,而不去奋斗、努力、向上,如此再好的理想也会变成幻想;幻想未来,毕竟不切实际,所以我们把希望寄托在未来的同时,更应该要奋斗、要奋发、要向上。

第三,人生最轻忽者是现在

一般人都有一个共同的毛病,就是轻忽现实,对现在不重视;若不是幻想未来,就是回忆过去,对于"现在"往往在不经意间一分一秒地浪费。假如一个有为的人,他对于现在必定很重视、很落实,他知道过去的不必再去回忆,未来的也不一定要去妄求,只要把握现在,努力做好应该做的事,乃至说出应该说的话、处好应该相处的人,这才重要。

第四,人生最踏实者是当下

我们的时间,总是有过去、现在、未来。过去的已经远离、现在的瞬间将成为过去,未来的遥不可及,唯有当下的人生最踏实,所以禅宗常常教诫学人要照顾脚下,要把握当下。当下的一承担,当下的一发心,所产生的力量无与伦比,因此把握当下的一念,这是非常重要的。

我们对过去、现在、未来的人生,重要的是对过去不要执着,对现在不要留恋,对未来更不要幻想;所谓人生,把握当下,尽职尽份而已!

人生(二)

《佛光菜根谭》说:"每一个人都是自我生命的艺术家,可以彩绘自己的人生世界;每一个人都是自我生命的工程师,可以塑造自我的美好形象"。人的一生中,往往随着因缘际会改变而有所改变。每个阶段,我们要用什么心态去面对自己的人生?去塑造自我的生命?有以下四点:

第一,世界是人生战场

有人说,美国是儿童的天堂、青年的战场、老年的坟场。严格说来,其实这整个世界都是我们的战场。因为人从出生,就有不断的境界、不同的事物,等着我们去面对、克服。世界就在我们自己心中,我们不妨把世界当作人生的战场,所谓"擒山中贼易,擒心中贼难",面对种种事物、种种境界,想打胜仗,唯有通过修行,运用正知正见、挥发慈悲善良,才能去除烦恼、战胜邪恶。

第二,社会是人生的学堂

古人有谓:"活到老,学不了。"高希均教授曾说:"人生的终点,不是死亡,而是与好书绝缘的那一刻;人生的起点,不是诞生,而是与好书结缘的那一刻。"人生该学的,并不只是在学校而已,我们不妨把社会当作人生的学堂,效法《华严经》中善财童子五十三参,在社会大学里,在各个阶层中,向不同的人学习。在这所社会大学中,要学些什么？学习慈悲、学习礼貌、学习技术、学习仁义、学习见识等等。虽然没有校长老师,也没有校舍教室；只要肯用心,阅读就是哑老师,人我就是善知识,处世就是大学堂。

第三,佛法是人生的妙方

人一生中,除了外在的功名、事业、财富外,充实自己的内在涵养、提升自我的精神层次,也是一项重要的生命课题。世间的学习,只是知识性的获得,出世间的佛法,则是提升心灵的一帖妙方。佛法涵盖层面广大,凡是"佛说的、人要的、净化的、善美的"都是佛法；有佛法,感受到的,都是善人共聚的快乐；有佛法,看待一切,就有办法处理多变人生。

第四,信仰是人生的宝藏

人生中最重要的就是信仰。信仰如星光照路,如巨宅安稳；信仰如大船引渡,如善友相伴。有了信仰,就有力量,相信自己"我能",我能达到目标、我能做好人、我能自我突破。有了信仰,在人生旅途上,会引领我们开发内心的宝藏,会带领我们行走安全可靠的方向。

人生,也像是一出诡谲多变的戏码；也许你不知道,下一步的人生场景会换到什么地方,但在场景变换之际,如何不受变化影响,保持一颗安定的心,就必须要靠自我不断地学习,以正面积极的态度,去对待人生、了解人生、体认人生,这是我们可以做得到的。

人生诸难

佛经讲"人身难得,佛法难闻,中国难生",当中并以"得人身如爪上泥,失人身如大地土"来形容生而为人的不易。另外,《法华经》有一个"盲龟浮木"的譬喻,提到大海里有一只盲龟,每百年才浮出水面一次,大海上有一块木头,上面有一个洞。得人身的机会,就如盲龟的头要钻进木头的孔一样难得;得人身之不容易,由此可见。人身不仅难得,生而为人还有诸多难事,在佛经举出的"人生诸难"中,列出四点说明如下:

第一,贫穷布施难

人的穷通祸福,各有因缘。佛经说,一个人所以贫穷,是前世悭吝不舍之故;反之,富有的人,则是因为欢喜布施的果报。贫穷之人,衣食无着,要他布施,的确不易。但是布施不一定只有捐献金钱、物质,才叫布施。有时给人一个笑容、一句好话、一个举手之劳,都是很好的布施;甚至心存祝福,乃至技术、知识、佛法的传授,更是无上的布施。布施如播种,有播种才有收成;懂得佛法,则布施其实不难。

第二,困厄持戒难

人在危险的时候,例如,面临毒蛇噬咬、老虎伤害、坏人追杀之际,要他持戒,要他不杀生,确实很难。甚至对一个三餐不继的贫穷之人,食物当前,却要他先确定东西是否为无主之物才能食用,也非易事。不过,如果是一个有慈悲心的人,例如佛陀因地修行时,为了护生而"舍身饲虎、割肉喂鹰",如此具有保护生命之慈悲心的人,要他持戒,也非难事。

第三,豪贵忍辱难

豪门之家,有钱、有势、有地位,平常受尽别人的奉承,偶尔受辱、有了委屈,要他容忍、接受,自然不容易。但是,如果豪贵之人有佛法,要他忍辱也不难,因为忍辱是福、忍辱是力量、忍辱是修养、忍辱是担当、忍辱是智慧。所以,有佛法,世界上就没有不能容忍之辱。

第四,安适精进难

人在安逸舒适的环境中,容易心生懈怠,不懂上进;有时经过一些苦难的磨炼,反而能激发斗志。所以,佛经讲"苦"是"增上缘",学佛首先要认清人生是苦的实相,才能精进向道;过分享受、安适,很难生起向道之心。

人生虽然有诸多的磨难障碍,但是只要我们有修道的坚定意志与信心,再大的困难都能克服。

人生的锦囊

在武侠小说里,徒弟学成想要下山行侠救世,师父不放心,总会交给他一个锦囊,以便临危应用;《三国演义》中,诸葛亮指挥大军出征,也会授予将领锦囊妙计,以便出奇制胜。锦囊里装的是计策,是智慧;人生的旅途,也要有智慧,要有锦囊秘籍,才能安全地走上前程。"人生的锦囊"是什么呢?有四点意见:

第一,修身须忘功名

修身是人生第一要务,如果我们要修养自己的道德、人格,要把官场的功名看淡。虽然儒家主张人要"立功、立德、立言",要建立人生三不朽事业;但是建功立业是要做出有益于国家社会,有利于人民大众的伟大事业,而不是为了一己的名利而追逐。所以,一个人的道德修养愈高,功名富贵、权势地位于他如浮云,如此道德威望愈高,愈能受人尊敬。

第二,做人当存素心

做人成功是人生最大的成功,做人最重要的是保有一颗清净的心、朴实的心、淡泊的心。所谓"人到无求品自高",人能清心寡欲,以淡泊无求的素心处世,则能不受威胁利诱,继而养成"富贵不能淫、贫贱不能移"的高尚人格。如此,尽管有人形容社会如大染缸,自己依然能如莲花般出淤泥而不染,活出自己的人生。

第三,交友应带侠气

人不能没有朋友,与朋友交往要带一点侠义之气,虽然不一定要做到为朋友"两肋插刀"、"毁家纾难",至少能偶尔吃一点亏,让朋友多得一些利益,或是多担当一些责任,都不要太介意。如果对朋友过于斤斤计较,一直在利益、得失上计较、争执,必然交不到知心的好友。

第四,读书要具深心

做人要明理,因此不能不读书以求取学问、知识。所谓"知书达理",读书可以增加智慧,可以改变气质,可以提升自己。读书不只是学生的事,也不是只有在学校里才能读书;人的一生,所谓"活到老,学到老",时时刻刻都要读书、学习。但是,读书最重要的,不能"不求甚解",所以要有深心,才能把书读好。

人都有父母眷属、师长同学等亲朋好友,但是在利益当前、生死攸关的时候,人往往是很孤单的,必须要靠自己独力面对、处理,所以平时在人生的锦囊里,多搜集一些励志格言、多积蓄一些福德因缘、多培养一些好的观念、方法,要紧的时候拿出来应急,是很管用的。

人生的历练

人,不经一事,不长一智。人生的智慧,除了从书本上获取知识以外,社会的历练、生活的体验,更是不可少。"人生的历练"有六点看法:

第一,经一分挫折,长一分见识

人生的旅途,难免会有遇到挫折的时候,有的人遇到一次挫折打击,从此一蹶不振,有的人却能化为增上缘。所谓"上一次当,学一次乖",遇到挫折,反能增长见识,因此有作为的人,总是愈挫愈勇。

第二,容一分横逆,增一分器度

人生不如意事,十之八九;生活中,总会遇到一些不顺心的人、不如意的事。遇到横逆、不顺,如果你有心量、能力多包容一分横逆,就能增加一分器度,自然多一分成功的机会。

第三,省一分计较,多一分道义

人生的烦恼,大多由比较、计较而来。我们与人相处,有时候为了一点小事,斤斤计较,甚至不顾道义,损人利己。假如我们待人能多一分厚道,少用一分心机,不计较、不比较,就能增多一分道义。

第四,学一分退让,讨一分便宜

人生不是一直前进就是赢,有时候退后一步想,更能海阔天空。所以,与人相处时,在金钱、名位、权势、利益之前让他一步,有时候不是牺牲、不是损失;退让一步,可能反而得到很大的便宜。

第五,增一分浪费,减一分福泽

奢侈是人为的贫穷。一个人的福报多少,都是自己平日培植而来;人不但要培福,还要惜福。有时候我们在日常的生活用度上,过分享受、浪费,到最后自己的福泽就像银行里的存款,愈用愈少。所以,增一分浪费,减一分福泽;不懂得惜福的人,就不会有福报。

第六,多一分体贴,知一分人情

人之相交,贵在知心。如何结交知心之友?就是要能将心比心,对人要有体贴、体谅之心。我们对人、对事能多一分体贴、多一分关怀,就会对人情、世故多一分认识。

人生的历练,不是全靠父母能给予,也不是依赖老师能传授,更不是金钱能买得,或是书本能提供;人生的历练要靠自己在日常生活中,不管做人处事时,把握每一个顺逆因缘,用心去体会、思维、包容、付出,才能有所得。

健全的人生观

每个人面对人生的态度不一样,对人生的看法、诠释,也各有所见,甚至各人追求的理想、目标,也不尽相同,这就是各自的人生观不同。尽管每个人对人生的态度、看法、所求不一,但重要的是要有健全的人生观,如此才会有健全的人生。什么是"健全的人生观"?有四点看法:

第一,以欢愉的心情取代忧愁

人的情绪如潮水起伏,难免有低潮的时候,尤其当遇到挫折、委屈、失意的事情,更是忧愁、烦恼不堪。忧愁烦恼袭上心头,怎么办?自己要有自觉、要有力量去转换,要营造欢愉的心情来取代忧愁,至少不要把忧愁带到床上,不要让今日的忧愁延续到明天,尤其不可以把自己的忧愁感染给别人。能够时时保有欢愉的心情,才是一种健康的人生态度。

第二,以奋斗的意志取代颓丧

人生像一场马拉松赛跑,有耐力与斗志的人,才能抵达终点。因为人生长跑的过程中,意志薄弱的人,难免因路途崎岖、风雨侵袭、世情浇薄,甚至自己体能欠佳而灰心丧气,乃至倒地不起。所以,人不能颓废丧气,尽管漫漫的人生路途坎坷,我们要始终坚定信念,要鼓舞斗志,积极进取,奋发向上,纵有路障挡路,也要勇敢跨越,千万不可停歇、懈怠,否则输掉的不只是荣誉,而是自己的一生。

第三,以勤劳的习惯取代懒惰

人生的前途,要靠自己创造,每个人天生的才智虽然有优劣不等,但是上天却平等地赋予每个人一项有利的创业资本,那就是勤劳。勤劳是天然的财富,一个人只要肯勤奋努力,就有致富的机会,至少三餐温饱不成问题。反之,一个人如果好吃懒做,即使家有金矿、银矿,终有坐吃山空的时候。所以,做人要养成勤劳的习惯,这是生存的基本条件。

第四,以正确的信仰取代迷思

人,有生必然有死,生死是最自然不过的事,但是一般人总对生死感到迷惑不解,甚至对人生感到惶惑不安。然而,也正因为人有生死问题,所以多数人都很自然地会去信仰宗教,希望从宗教的教义,寻求解答、寄托,这是人之常情。不过,信仰宗教最重要的,必须是正信的宗教,其所宣扬的教义必须合乎真理,在此前提之下,能以信仰取代迷思,这是最有智慧的人生。

健全人生观的建立,不但关乎自己的一生,同时对家庭、社会、国家也会造成极大的影响。毕竟,有健全的个人,才有健全的家庭;有健全的家庭,才有健全的国家社会。所以,如何建立"健全的人生观",不可等闲视之。

人生的当下

人生数十寒暑,即使能活到百年,成为百岁人瑞,也如大海一沤,转眼即逝。因此,我们在有生之年,应该把握每个"人生的当下",好好利用每个因缘,努力开创自己的潜能、充实自己的内涵,活出亮丽灿烂的人生,才能不负此生。如何把握"人生的当下"?有四点意见:

第一,每一个时间都是黎明

"一日之计在于晨",古人黎明即起,洒扫庭除,展开一日的生活,并以此作为教育儿女的最好庭训。清晨时间,经过了一夜的养息,不但精神饱满,而且心中如朗朗晴空,是一天当中最好冲刺的时候。如果我们能把握人生的每个黎明,甚至把一天当中的任何时刻,不管中午、晚间,都能有黎明的心情与精神去面对一切,必能有一番大作为。

第二,每一个挑战都是机会

人的一生,每个阶段都充满了各种挑战,必须一一突破。包括抗拒财色名食睡的诱惑、克服困难挫折的逆境、走出世情浇薄的感伤,乃至对自我极限、对大自然环境的挑战等。每一个挑战,都应视为激励自己奋发向上的机会；一个人如果经不起磨难,不能接受困境的挑战,就像美丽的花朵生长在温室里,没有经过风霜雨雪的淬炼,就无法长成参天立地的大树。所以,人生要在挑战中,才能成长！

第三,每一个逆境都是考验

动物界里,蝴蝶必须经过蛹的挣扎,才能破茧而出；春蚕必须吐丝作茧,等待蛹破才能羽化为蛾。植物当中,秋菊要经过寒霜的洗炼,才能显出它的娇美；寒梅要经过冬雪的侵袭,才能散发它的芬芳。我们生命的成长,也要靠许多逆境来磨炼。所谓逆境,诸如失学、失业、失恋、贫困、冤枉、委屈,乃至被朋友出卖、钱财散失等等。当逆境来临的时候,正可以考验我们的实力有多少。一个人如果经不起逆境的考验,注定是会失败；唯有愈挫愈勇、屡败屡战的人,才能成功。

第四,每一个善行都是创造

商场上曾经流行一句口号"创造双赢"。其实,人与人之间,只要有利益冲突,只要有人我对立,就很难双赢；世间唯一的"双赢",就是行善。善行不但利人,而且利己,只要你发心做一件善事,在利益别人的同时,也为自己积德培福、广结善缘。所以,每一个善行,都是在为自己的未来创造有利的条件,我们千万不能放弃任何行善的机会。

人生如白驹过隙,所谓"朝如青云暮成雪",我们在有限的人生岁月里,一定要好好把握每个当下,以免徒留遗憾。

人生的智慧

人,虽有智愚、贤不肖,但是"愚者千虑,必有一得",因此每一个人都有聪明智慧。但是,有些人的聪明才智不清净,是一种投机取巧的小聪明,这种人往往"聪明反被聪明误",因此心地不正的人,有智慧反不如愚拙一些来得好。人真正的智慧,是正知正见,是清净的佛心,这才是我们应该具备的智慧。"人生的智慧"有四点说明:

第一,出淤泥而不染

孟子讲"人之初,性本善",佛教讲"人人皆有佛性"。然而因为人在世间生活,难免受到权势名位、声色利欲、人我是非等尘埃的染污,因此蒙蔽了善美的本性而愚痴无明;唯有做一朵浊世的莲花,尽管世间污浊不堪,自己却能出淤泥而不染,才能保有真如佛性,才是真智慧。

第二,入豪贵而不骄

人生起落无常,有的人一时得志,身居高位,他就骄奢、蛮横,不顾舆论批评,一味地任性非为,因此树敌无数;但是有朝一日,一旦势倾力颓,失去权势的庇荫,紧接着而来的,必然是要面对公理正义的审判,甚至难逃法律的制裁,这就是愚笨的人。真正有智慧的人,懂得"势不可使尽"的道理,所以即使处在人生的巅峰,权倾一时,他也绝不骄纵自己,反而低调处事,小心谨慎地为自己预留后路,这才是智者。

第三,明机巧而不用

人有智慧,做事机智灵巧、进退有据,这种人走到那里,必然受人重用。但是聪明伶俐的人,做事尽管明快果敢、洞烛机先,受人赞赏;如果在做人方面,也是处处表现精明干练,甚至玩弄手段,往往有失厚道。所以,一个人再怎么聪明能干,当在处人之际,有时候不妨"难得糊涂";懂得"明机巧而不用"的人,这种蕴藉的智慧,有时反而更加令人激赏。

第四,达百事而不俗

语云:"读书不达世事是迂儒"。一个真正有智慧、有聪明的人,不会读死书,也不会死读书;他会洞彻世事,明晓世情,凡有所做,必然观照全局。而且在不违人情事理,且又不媚俗讨好的前提下,务必做得让大家皆大欢喜。这种"和而不流,流而不俗"的处世智慧,就是一种人生历练后的圆融智慧。

人的聪明智慧,如同一塘池水,必须澄澈清明,才能供人饮用;人有清净的智慧,正如虚空不受污染,自能利益万物。所以,清净的智慧,于人于己都很重要。

圆满的人生

人,都有缺陷,都不够圆满,所以人生才有奋斗的空间。虽然有人说:"残缺也是美",但是上弦月、下弦月,总是没有十五的满月来得明亮美丽,所以人还是要不断地追求圆满。那么,怎样才有圆满的人生呢?有四点意见:

第一,有信仰的人最高尚

常听一些人豪气干云地说:"我才不要信仰什么宗教呢!"也有人说:"心好就好,何必一定要信仰宗教?"其实,宗教如光明,人不能没有光明;宗教如水,人不能缺水而生存;宗教如艺术,人在生活中离不开美感。信仰宗教是发乎自然、出乎本性的精神力。宗教就是真理,代表真、善、美,他指导我们成就自己、完成自己、圆满自己。所以,有宗教信仰的人最圆满、最高尚。

第二,有道德的人最喜乐

一般人追求欢喜快乐,都是从外在的物质享受去追求声色的感官之娱,例如看电影、听音乐、到餐馆吃大餐等。这种感官的快乐是一时的,如王羲之的《兰亭集序》说:"当其欣于所遇,暂得于己,快然自足,不知老之将至。及其所之既倦,情随事迁,感慨系之矣。"世间无常,把快乐寄托于外在的人事物,难免会有"坏苦"与"行苦";唯有自己修养道德,对人慈悲,从关怀他人中去感受付出的快乐,这种自我性灵的提升与充实,才能得到真实的喜乐。

第三,有修行的人最安心

每个人都懂得建设一个家,以安顿色身,但是很少人想到,我们的心也需要一个安居的处所,因此现在的人大都"不安心"。现代人每天用心在五欲尘劳上面,当然不能安心;用心在人我是非之上,自然扰攘不安;用心在金钱、爱情、财富、名位上,这些都是不实在的东西,又怎么能安心呢?那么,我们的心究竟"云何应住"呢?

《华严经》说:"常乐柔和忍辱法,安住慈悲喜舍中。"当你懂得"柔和忍辱"、拥有"慈悲喜舍",那么你就找到身心的安住之处了,这才是我们永远的故乡!所以,有修行的人最安心。

第四,有智慧的人最富贵

人生世间,不能不工作赚钱;要工作,才能赚取所需。有的人用劳力赚钱,有的人用时间计薪;有的人出卖身体谋求生活,有的人靠语言赚钱营生。其实,最聪明的做法,是用智慧来赚钱。我们看社会上,有的人一天劳力所得只值几百元;有的人一个智慧的计策,可能价值几十万元、几百万元;智慧的价值,不言而喻。《金刚经》更说,三千大千世界的七宝,其价值比不过一句智慧的偈语;因为财宝有用罄的时候,智慧的偈语则是生生世世受用无穷。智慧,是无形的财富,有智慧的人,心胸包罗万象,所以,有智慧的人最富贵。

圆满的人生,不是靠成大功、立大业,或是做大官、赚大钱就能实现,而是要靠自己有信仰、有道德、有修行、有智慧,才能慢慢完成。

人生的看法

佛经里,用"一水四见"来说明对于同一种境界,由于见者的心识不同,所抱持的观点也随之大异其趣。人生也是一样,往往因为各人不同的角度与立场,而有不同的看待与理解。

人生究竟像什么?有人说,是一杯不堪入喉的苦酒,也有人则说是一樽芬芳醉人的香槟;有人说,人生是一盏清淡解渴的清水,甚至说人生是一啜沁凉入心的甘露。人生的看法究竟是什么?

第一,悲观者说人生是一杯苦酒

悲观的人,总有多种想法否定人生,或者失败挫折而灰心绝望,或者比上不足而遗憾愁闷。因此经常慨叹人生像一杯苦酒。佛教里说"苦",无论是三苦、八苦,大致不离我与人,不能和谐;我与物,不能满足;我与身,不能适意;我与心,不能安定,林林总总,逼迫我们的身心状态,令人烦恼不已。如何"度一切苦厄",喝下这一杯苦酒而不觉得苦,那才是真正懂得人生。

第二,乐观者说人生是一杯香槟

西洋人习惯在喜庆时,用香槟酒来款待宾客,因此有人以香槟来形容乐观、欢喜、洒脱的人生。乐观者,内怀比下有余而庆幸;乐观者面对生命困境,展现坚强韧性、乐观进取,充满希望的活力;乐观者对于生命态度,流露开朗喜悦、奉献付出,拥有快乐的人生。

第三,中道者说人生是一杯清水

对生命态度抱持不苦不乐看法的人,认为人生就像是一杯清水。虽然平淡无味,但当你口渴难以忍耐时,它就是生命的活水,让你得到滋润;当你尝遍酸甜苦辣,它就是最好的饮料,给你得到舒缓。同样的,太苦的人生显得冷冰冰,过乐的人生则是热烘烘;所以,中道者认为,人生最好像一杯清水,淡淡中却有恒常的滋味。

第四,护世者说人生是一杯甘露

甘露,可以增长生命;甘露,可以滋养慧命。护世的人,认为人生像一杯甘露,他会将经验作为经营生命的钱粮,他会将烦恼转为开启生命的潜力。做一件好事,发挥智慧的能量,利益大众;说一句好话,润泽枯涸的心灵,重获新生;护世的人,爱惜人生,护世的人,尊重人生,无论高低起伏,永远美好璀璨。

懂得经营自己人生的人,不会给自己借口,逃避生命的顺境或逆境。人生的道路上,你要选择哪一种生活态度面对?是苦?是乐?是中道?是护世?钥匙就掌握在你的手中,别人永远无法替你决定。

人生的根本

树有根本,才能长得高;水有根源,才能流得长;人生的路上也要有根本,才能立身安稳,走得长远。人要以什么为"本"呢?有六点意见:

第一,处众要以和平为本

国家和国家要和平往来,人与人之间也要和平相处。我们看历史上多少的纷争战乱,带给人民多少苦难;多少钩心斗角,引起多少悲剧牺牲。世间上,再也没有比和平更重要了。你看,一般人形容琴瑟要"和"才能鸣,"和"气才能生财;在佛门里有"六和敬"作为行事准则,在课诵时也唱出"端为世界祈和平"的祈愿。因此,我们处众时,能以和为贵,以平为本,就可以减少许多无谓的纷扰和烦恼。

第二,养生要以欢喜为本

现代人强调"养生之道",其实真正的"养生",也不只是追求身体的健康长寿而已,更重要的是内心要拥有快乐、要拥有欢喜。一个人纵使家财万贯、活得高寿,不欢喜,活得再久、再长也没有意思;夫妻生活在一起,不欢喜,也是貌合神离,痛苦不堪。因此,只有欢喜最好。心中欢喜,就会心甘情愿;心中欢喜,就会健康自在。

第三,立身要以信义为本

情义是人与人往复循环,互相交流的感情。所以《佛光菜根谭》有谓:"与人交,要有情有义;为人谋,要有忠有信。"当我们听到关公的名字,心中就会浮起"义薄云天"的形象;反之,一提到秦桧,你就会觉得这个人"背义忘本"。因此,信义实在是我们立身处世的根本;无信无义,则难以生存在这天地之间。

第四,居家要以早起为本

古人以早起为生活之要,例如农人早起耕作,妇女早起晨妆,修行人晨起早课,即使是动物也说"早起的鸟儿有虫吃"。可是现在生活在都市里的人,却都喜欢晚睡晚起,这是很可惜的,不但有碍健康,并且荒废事业。早起的好处很多,你能早起1分钟,就比别人多出1分钟可以运用的时间;你能晨起活动筋骨,则这一天必然精神百倍。

谚语有云:"沃枝叶,不如培根本。"用心在工作上,是成功的根本;用心在思考上,是力量的根本;用心在阅读上,是智慧的根本;用心在慈悲上,是做人的根本。

人生之最

每一个人在一生之中,不管他是贫富贵贱,都拥有很多宝贵的东西,有名利的人,认为权势是他最好的财富;富有的人,认为金银财宝是他最骄傲的本钱。世间上有形的物质,带给我们的只有短暂满足,如果想要享有幸福、成功的人生,提供以下四点看法:

第一,人生最美的财富是欢喜

世界上有的人用金银财宝来炫耀他的财富,有的人用名利地位来显示他的权贵,佛陀告诉我们,金银财宝五家共有,有用尽的时候,名利权位时有更替,没有永久的时候。唯有"欢喜"是人生最美的财富,有"欢喜心",心中便没有仇恨,有"欢喜心"可以令人喜欢接近,有"欢喜心"工作变得积极有自信。

第二,人生最贵的行为是结缘

世界上有的人富可敌国,但是却没有人缘,到处被人嫌弃;有的人贫无立锥之地,反而到处受人欢迎,这都是要看他平常是否与人"结缘"。佛陀开示我们:"未成佛道,先结人缘。""缘"不是佛教的专有名词,缘,是宇宙人生的真理,且是属于每一个人的。所以世间上最宝贵的,并非黄金白玉,也非汽车洋房,最可贵的是"缘分"。人与人要结好缘才能和好;人与事要结善缘才能成功;人与社会乃至事事物物更要结缘才能圆满功德。

第三,人生最大的力量是忍耐

忍耐是什么?是经历严冬苦寒的梅花,是受尽千锤万击的利剑,是大丈夫能屈能伸之"屈",是面对困境的暂时休战。真正的忍耐不是弱者的行为,乃是强者的自制,"心字头上一把刀",忍耐亦需要坚强。俗话说:"小不忍则乱大谋。"不能忍耐的人无法成大事。人生需要忍耐:当自处逆境的时候,需要忍耐;当山穷水尽疑无路的时候,我们更需要忍耐,因为忍耐,所以才有柳暗花明又一村。举凡成大事者,必能忍常人之所不能忍,如越王勾践,他为了能报仇雪恨,竟然肯做夫差的马夫,卧薪尝胆,终成大事。

第四,人生最佳的动能是愿心

飞机、汽车、机车及一般的机械,要靠引擎才能启动;电灯、电视机要靠电力才能使用;而人生最佳的动能,便是"愿心",因为发心立愿,心中就有朝着目标前进的力量;唐朝玄奘大师西天取经,立下"宁向西天一步死,不愿东土一步生"的志愿,才能顺利完成取经的伟大使命。所以"愿心"是我们人生成功前进的最佳动能。

人生掌握在自己的手上,要让自己的一生获得成功,必须以欢喜的心去广结善缘,以最大的忍耐的力量去突破难关,发心发愿贯彻始终。

人生的津梁

人生好比一条曲曲折折的道路,一路行来,有时风光明媚,有时崎岖惊险。我们经常把横阻在眼前的山、水,比喻为人生的困境;其实,就是攀上人生的巅峰后,也需要峰回路转,才能再开拓新的天地,否则,一味地自满、自傲,只会爬得越高,摔得越重。所以,成功、胜利,其实与失败一样,都是行到人生的路口,让人反思:该如何面对、再超越。列举四点意见如下:

第一,居高而谦逊,人不嫉其高

高官厚禄是一般人所向往的,因此,当我们有机缘跃居上位时,更要谦恭厚道,和婉待人。如果自恃位高权重,目无下尘,甚至自我膨胀,处处皆要他人听令于我,那么,虽贵在高位,由于丧失人心的爱戴,必然不能长久。其实,居高位的领导者,若能本着为人服务的精神,与人为善,久而久之,人人感受到你的诚恳,自然欢喜拥护,就不会有人嫉妒你了。

第二,立功而辞谢,人不厌其功

立下汗马功劳,原是一件值得嘉许的好事,但如果只知道抬高自己,忽略众多因缘的成就,或为显示自己的清高,而不把他人的表扬、赞美看在眼里,都不免引起别人的反感。从深处思考,世间诸多事情的成就,皆不是凭个人之力完成,所以,不因受奖而觉得自己增加了什么,也不用矫情掩饰。能以平常心,将荣耀归于大众,功成不居,那么,你有再多的功劳,别人也都会为你欢喜。

第三,胜人而无骄,人不评其胜

有一句话说"赢了棋,就不要再赢话"。无论比赛或评鉴什么,获胜的时候,只要你一点骄慢都没有,人家就不会批评你胜得不对、胜得不当。如果沉不住气,过于炫耀,锋芒太露,所谓树大招风,难免不引起别人的评论。要知道,成败得失都是一时的,一次的胜利,不代表永远的成功,反之亦然。因此,胜不必骄傲,败不必气馁,要保持这样的心境才好。

第四,受赏而知恩,人不夺其好

一个才华横溢的人,受到主管赏识之余,随之而来的好的待遇、好的福利,也比同侪多。如果忘记了父母师长的栽培、朋友的帮助,只贪图个人享受,别人对于你的所得,必然有诸多的臆测和不认同。所以,常怀知恩、感谢的心,将大众放在心里,将利益分享给大众,自然的,大众也会以你为荣。

人生的奇妙在于,有时要直驱向前,有时要委曲婉转。例如遇到挫折的时候,要奋起;富贵荣华的时候,要知道隐晦。向前有向前的世界,但爬到人生最高点,转身,也有一片向后的世界。山重水复,人生路何其宽广,就怕不肯转身,走进了死胡同里。

佛法与人生

提到佛教,总有人以为是迷信。其实,佛教是正信的宗教;佛法更与人间生活密不可分。佛陀是佛教的教主,他说:"若佛出世,若未出世,此法常住……"佛法不是由他创造,而是本来就存在于天地间;具有普遍性、必然性、永恒性、超越性、可证性。所以,认识佛法,就是认识人生的真理,可以圆满我们的人生。从什么地方能看出佛法与人生的关系呢?列举四点说明:

第一,有布施的地方就有慈悲

有一则寓言故事:在地狱,吃饭的筷子有三尺长,大家你争我夺,饥饿不堪;在天堂,筷子同样是三尺长,不过,大家互相夹给对方吃,和乐融融。佛法教导布施,布施是分享,将自己的微笑和欢喜散播人间;布施是怜悯,看见众生痛苦、贫乏,不惜施舍财富;布施也是成就,大家出钱出力,共成善事,利益大众。只要有布施的地方,人间就有慈悲温暖。

第二,有禅定的地方就有般若

我们每天都必须面对复杂的人事问题,以及各种境界的考验,内心如果没有自主的定力,容易心随境迁,就不能明审是非;反之,心有定境，才能观照问题，以清明的理路思考，妥善处理。曾国藩曾云："心若不静，省身则不密，见理则不明。"《六祖坛经》云："定是慧体，慧是定用。"唯有培养心中的禅定，在动荡的人世间，才能生出"以不变应万变"的般若智慧。

第三，有持戒的地方就有道德

佛法强调持戒，特别是最基本的五戒：不杀、盗、淫、妄、酒（不吸毒）。很多人以为戒是束缚，其实，持戒是全民自由。我们看芬兰、丹麦、新加坡等低犯罪率的国家，他们的人民多守持五戒；我们再到监狱去看，被囚禁的人都是犯了五戒。法律原是为了维护社会的道德，但是，真正的道德要发自我们内心，只有人人守持五戒，不侵犯他人，社会才有真正的道德。

第四，有佛心的地方就有幸福

什么是佛心呢？心中的慈悲、平等、智慧、谦卑、明理等，诸多美好的特质，都是佛心的体现。我们这一颗心千变万化，忽而上天、忽而下地。被贪、嗔、痴烦恼覆盖时，生活就失去平衡；一念转境，寻回清净佛心时，又是"春城无处不飞花"，日日是好日。所以，我们以佛心来生活，事事不计较、不比较，随遇而安；幸福，就在每一个当下了。

佛法与人生的关系密不可分，学佛者，不从日常生活近处用心，则离佛道远矣。而不论信仰佛教与否，佛法都可以是我们立身处世的准则，更何况，它是引领我们迈向人生究竟圆满的解脱之道，值得我们深入探讨。

富贵的人生

过去物力维艰的时代,生活困苦,却也养成人们乐观、知足的天性。到了现代,虽然科技方便,但是养尊处优惯了,反而少了奋斗吃苦的精神,抗压力低,也容易受挫。现代有许多人只想追求像上流社会一样,有钱又有闲的富贵人生,只是,真能如愿过这样的生活,人生不一定幸福。所谓"富贵的人生",其实要从自己的内心开始。什么才是富贵呢?提供四点给您参考:

第一,健康是最真的富贵

一个人的身体如果不健康,常为病苦所折腾,就是住在总统套房,也无福享受;同样的,地位再高的人,身体如果失去健康,终日卧在病榻上,权力对于他有何意义呢?我们常常计划明天、构想未来,但是没有健康,一切也都将成为空谈了。所以,最真的富贵不是龙楼凤阁、罗绮珠翠,而是先有健康的身体,人生的理想才得以完成。

第二,知足是最大的财富

不能知足的人,即使把地球上所有的财富都给他,他都还是贫穷的,因为内心永远觉得不够。不够就是贫穷,感受不到富足的快乐,所谓"财多愈求,官高愈谋,人心不足,何日够休",所以,最大的财富不是我拥有多少黄金、多少不动产、能做多少投资等,而是我很满足,能有"身安茅屋稳,性定菜根香"的怡然自得。

第三,信仰是最好的品德

我们信仰宗教,心中便有了慈悲、道德,对社会有一份责任感。为了实践心中的信仰,人就愿意奉献自我,服务大众,散发生命的光热,开发真、善、美的品德。这就是信仰的价值,信仰所带来的富贵。

第四,包容是最美的情谊

人的心中如果只有自己,在人生的旅途上就会很孤单。人与人、人与物,都是相依相生而存在的,所以,我们的心量越大,人生的境界就愈宽广。可以包容一个家,家就是你的;可以包容一个社会,社会就是你的;可以包容一个世界,整个世界就全是你的。涵容万物,与万物和谐相处,包容是最美的情谊,更是人生无比的富贵。

"富贵"是传统观念中的五福之一,然而事相上的富贵并非绝对,俗话说:"人外有人,天外有天",你有千万,他人就有亿万,随逐高低,徒增烦恼;还不如寻常百姓,心地清净,日日快活自在,此乃真富贵也。一切因缘随心念转,真要求富贵,必须从心开始,时时存着好心、善念,修福聚德,自然世代富贵。

充实人生

气充满，球才能蹦得高；油充足，车才能行得远；人生也要充实，才不会枉费生命。充实人生要靠自己，别人帮助都还有限，要如何充实呢？在此提供四点意见：

第一，自修以厚实

自我修养很重要。《志书》载，吕蒙幼时家境贫寒，没有机会读书，后来跟随孙权身边学习。孙权见他年轻有为，劝他多读些书，吕蒙却推托道："事情太忙，没有时间读书。"孙权正色地说："我不是要你做精通古今的博士，只要你粗略地看看各种书，多知道一些掌故，能够以历史作借镜。我比你忙多了，还经常抽空读书，觉得大有好处。"吕蒙从此勤奋读书，后来担任吴军的最高军事统帅。我们虽不一定求高官厚禄，但要有深厚的知识，处世才能自如。

第二，自动以笃行

自发自动是成功的要素，不努力就想凭空而得，是最不切实际的想法。好比有一句话说："黄金随潮水流来，也要自己动手捞取才能拥有。"又说"自助者天助"，即使想要获得旁人的援手，也要自己先伸出手去。因此，只要自己能勤勤勉勉、自发自动，笃行务实，自能获得好因好缘来助成。

第三,自治以修己

儒家讲慎独,即使独处,也要严格要求自己的行为、念头,不妄取不苟为。一个人连独处时都能身心端正,处众时更不用说了。这样的人,自然成为他人的模范,一旦对人有所要求,善缘自然容易成聚。

第四,自觉以度人

经典上说:"自不清净,教人清净,无有是处。"一个人空有度人之心,而无度人之智,往往徒劳无功。因此,自己要发愤用功,有所觉悟、受用,再把得到觉悟的好处及心得,与人分享,去度化他人,如此才能自他受用,才能做到佛法说的:"自觉觉人,自度度人"。

每个人都想过充实的人生,也有许多人乐意帮助他人充实人生。

人生当自强

种子,必须穿过覆盖的泥土,才能发芽成长;蝴蝶,必须经过蛹的挣扎,才能翩翩起舞;动植物里,尚且要如此奋发向上;人生里,又有什么理由让我们借口不自立自强呢?因为:

第一,人生困顿,所以更要坚强

每一个人生活在世间,到处都是困难。你看,生活要舒适,困难;职业要满意,困难;家计要维持,困难;甚至人我处世都感到困难重重。如果你对这许多的困难,不能自我坚强,不能自己突破,不能自己看开,那么就要被困难所打倒。因此,就是因为人生困顿,所以更要坚强。

第二,世道崎岖,所以更要勇敢

人世间的道路上,到处崎岖艰难,可以说没有一帆风顺的。好比人情往来,有人说:"纸张薄,人情更薄";想要求个财富、求个名利、创一番事业,也都充满风险危机;甚至于交朋友,一不小心,可能会交友不慎。世路如此艰难危险,能后退吗?不能。你必须要勇敢,不怕艰难,不怕危险,你只有奋勇向前,才能到达想要达成的目标。

第三，处事难公，所以更要自爱

在人间，离不了与人来往、办事，有时实在难以事事尽如人意。尽管如此，在事情的处理当中，你还是要做到公平、公正。如果有私心而不公正，闲话就自然多起来，别人也会对你产生质疑。一次不公平，两次不公正，最后朋友都不信任你，当然前途、职业、信誉，就会受到影响。所以人在世上，要养成一个公平、公正的性格，处事公正，就必须自爱，你爱惜自己，树立自我的形象，就不会给人看不起。

第四，做人难正，所以更要实在

人，有许多贪、嗔、懈怠、因循等习气，一不小心，就容易随波逐流，乃至道理不明，想要行正都不容易。就是因为做人如此辛苦难正，所以才要更真诚实在、道德明理，这比什么都重要。你真诚实在，眼前的路，就少了虚假的障碍；你道德明理，前途未来就多一道光明。

莲花因为污泥，而更庄严清净；鲑鱼因为逆游，而更勇猛奋发；探索者不怕危险困难，正因为可以挑战自己的体能极限；参禅者不怕腿酸脚麻，也是向自我内在的陋习挑战。人生正是因为有着种种的横逆阻拦，不断超越升华，而显出意义。

为学与人生

荀子云:"善学者尽其理,善行者究其难",实在饶有深意。人的一生,无论处世或做学问,都应穷尽其道理,探究其疑难。如此,思想与人格才能不断地向上开拓,以臻圆满之境。为学与人生,有以下四点:

第一,治学不厌才是智者

苏轼以为"旧书不厌百回读,熟读深思子自知"。因此勤于读书,使学问达到既专且博的境地。所谓"书山有路勤为径,学海无涯苦作舟"。古之智者为学,总能穷日苦读而不厌,如孔子勤读《易经》,以致"韦编三绝";郑板桥"每读一书必千百遍"。凡治学者应该熟读精思,学必求成,日久自有见解。

第二,诲人不倦才是仁者

"教不倦"是孔子的治学态度,由于他有教无类、因材施教,门下弟子,有才者比比皆是。佛陀更是伟大的教育家,他不因众生顽强而舍弃,反而以无量法门,化导众生,如面对提婆达多的迫害、指鬘外道的凶残、善觉王的侮慢,都是慈悲摄受、耐心说法,使其放下成见,改心换性。足见一位有德的仁者,始终秉持诲而不倦的教育理念。

第三，做事不苦才是勤者

做事肯勤劳精进，即使事情繁重，也不以为累，进而甘之如饴，才能心生欢喜。过去祖师大德能受人敬重，都是因为他们以不苦之心在做事，如驼标比丘勤于为挂单的人提灯照路，三十年送往迎来，他的手指已能自行发光，随时得以照亮客僧前行的路。又如道元禅师晒香菇、雪峰禅师担水、云门禅师挑柴……做事能够不苦，才能持久，才是勤者。

第四，受屈不诉才是能者

一个能者，凡事要能沉得住气；遇委屈不平时，不叫苦、不喊累、不怕难，勇于承担，人生才有希望和光明。在禅门，受得了黄檗棒、临济喝者，方可成大器。如云门禅师一再被睦州道踪禅师拒于门外，甚至脚被夹伤，仍然跟随道踪禅师学习，最后终于能继承衣钵，成立云门宗。因此，受屈而不诉，受得起、耐得住，就能增加内在的力量。

大凡智者、仁者、勤者、能者，始终执守治学不厌，诲人不倦，做事不苦，受屈不诉的态度来为学处世。身处物质富饶、信息爆炸、道德薄弱的社会，我们能否引以为鉴？

另一种人生观

每个人都有不同的人生观,有人乐观,有人悲观;有人积极,有人消极。大部分的人追求前进、热闹、争取、拥有的世界,以为这就是乐观积极;其实后退、宁静、自制、空无的世界,不见得悲观消极,有时反而是另一种人生观? 以下说明:

第一,从退让中体验乐趣

一般人以为退让是怯弱,前进才积极,其实不一定。因为,前面半个前进的世界,相互竞赛、你争我夺,很少人注意回头的半个世界,因此难以享受后退的乐趣。退让不是没有力量,有时更勇猛,更有智慧。比方地上脏了,我成就大家读书的时间、环境,我来扫地。看起来扫地辛苦,身体却更健康,身心获得更大的欢喜。退让的世界,不会有人麻烦我们、阻止我们、障碍我们,同样成就功德事业。

第二,从宁静中安顿身心

平常大家习惯追求感官之娱,这种外在的快乐却不真实,欢乐过后感到空虚,甚至在身心动乱中,找不到片刻寂静。我们看禅师闭眼盘腿打坐,不看、不听、不说,以为枯坐无趣,其实他们从不看、不听、不说中，找到内在的法喜，自我安住。因此建议，一日中有数分钟的宁静，一周中有数小时的宁静，一年中有一到二周的宁静，让眼耳鼻舌身意六识暂时放下，从宁静中找回自己，从宁静里安顿身心。

第三，从自制中克制物欲

外境经常给予我们诱惑，例如财富、感情、利益等等。乃至有人美言两句，我们就心生欢喜，几句坏话，就生气伤心，喜怒哀乐无法平衡，甚至生命，都操纵在他人手里，实在可怜。你看，弘一大师咸淡有味的满足、隐元禅师面对误解的泰然，外在环境条件、荣辱，对他们毫无影响。要想在外境、物欲诱惑的边缘中获胜，就得靠自制的功夫、智慧的约束，这就要从道德、修养做起，增上力量。

第四，从空无中认识人生

我们常把心放于外在、有形的追求，《金刚经》云："应无所住而生其心"，就是教我们回头把心安在"无"上。心中无所企盼，自然没有失去的痛苦、期待的落空。无的世界，并不是没有，无是无限、无执、无累、无求，《心经》云："以无所得故，菩提萨埵，依般若波罗蜜多故，心无挂碍。无挂碍故，无有恐怖，远离颠倒梦想，究竟涅槃。"有了般若智慧，就能放下执着挂碍，能证悟到"无"，尽管有心、有情、有爱，但不会受人事的障碍，反而更能体会出丰富的内容，建立人生的新观念。

每个人境遇不同，如何从纷乱扰攘的世间，让自己返璞归真，探讨本来面目呢？以上另一种人生观可以参考。

花与人生

张潮在《幽梦影》中说:"梅令人高,兰令人幽,菊令人野,莲令人淡",赋予花朵美丽的生命与情感。在佛教中,以花供佛,是对佛最虔诚的供养;在社会上,彼此见面,以献花表达关爱问候;客厅里摆一盆花,增添气氛和情趣。一个进步的社会,对于花的培养、推广,必定非常重视;一个人生活在花团锦簇、缤纷灿烂的花的世界里,必定拥有快乐的人生。这"花与人生"四点意见,贡献给大家:

第一,效法莲花的纯洁

宋朝周敦颐《爱莲说》中说:"出淤泥而不染,濯清涟而不妖",描述莲花纯洁脱俗的气质,不同流合污、逢迎谄媚的品行。在佛教中,以莲代表清净、完美、理想的人格,因此我们看到佛菩萨足踏莲花而行、手拈莲花印记或端坐于莲花座上。生长在五浊恶世的我们,也应当效法莲花的纯洁清净、高雅留芳,只取其花,不取污泥,以"可远观,而不可亵玩焉"的精神,自持自重。

第二,效法兰花的清逸

兰花出生在幽谷中,身有迎香却甘于寂寞;素而不艳,却又风华绝代;不求取悦于众,而能独开自放,莫怪乎古人喻兰花为花中君子。孔子也曾说:"兰生于深谷,不以无人而不芳;君子修道之德,不为困穷而改节。"因此,在道德人格、立身处世上,应当学习兰的高风亮节、清逸脱俗,如君子般,将自身的品德芬芳远播十方。

第三,效法菊花的淡雅

菊花盛开在秋风萧瑟、百花凋零的季节,淡淡的色彩,清雅的风姿,表现出它傲霜高洁,强韧的生命力。菊花具有"素心常耐冷,晚节本无瑕"的内涵,故古人常以菊花比喻人的德行圆满、为政清廉。例如,陶渊明隐居田野,受之于菊花"君子无争,隐士无求"品格影响,写出"采菊东篱下,悠然见南山"的怡情。我们也应效法"菊残犹有傲霜枝",不畏风霜的品格,抵抗逆境的侵袭,而能生机勃勃地挺立于世。

第四,效法梅花的坚贞

"梅花香自苦寒来",梅花与寒冷奋斗,凌寒留香,经历一番奋斗,终于绽放美丽的花朵,其冰雪不可夺其志的形象,往往被人们喻为坚毅的象征。诗人陆游的"雪虐风饕愈灿然,花中气节最高坚",歌颂梅花凌霜傲雪、冰清玉洁的高贵品德;"不经一番寒彻骨,怎得梅花扑鼻香",比喻唯有与各种艰难困苦抗争,付出比常人更多的艰辛,才能像梅花一般清香恒持,获取成就与肯定。

我们常以花比喻女子国色天香、花容月貌、闭月羞花、芙蓉如面;在佛教里,也有花开见佛、拈花微笑、天女散花、九品莲花等,与花有关的典故或用语,足见花与人生的关系密不可分。花的香、花的美、花的特立高雅、花的端庄正直,都令人尊敬感佩。

人生之喻

每一个人从呱呱坠地,到老死辞世,就是一生。人生数十寒暑,经历无数事情,也有种种譬喻:人生如旅程,应尽情游历;人生如歌曲,应尽情吟赏;人生如朝露,应及时把握;人生如风筝,应尽情飞扬……人生还有许多譬喻,列举四点:

第一,人生如舞台戏剧

舞台上生旦净丑,忠奸善恶,演古演今,演尽各种角色,演尽人生的悲欢离合,演完这出换下一出;舞台上男女老少,喜怒哀乐,穿梭交织,演不尽的生死轮回,演完此生接着演来生。无论剧情是扣人心弦,感人肺腑,抑或是荒诞可笑,谬论无稽,一旦舞台落幕了,一切都将归于空幻。

第二,人生如逆旅过客

人的出生,就像是旅客住宿,有的旅店豪华高贵,或者破落穷酸,所有设备供客人尽情使用;人的死亡,就像是旅客退房离去,旅店里的东西不管奢华或便利,无论喜欢不喜欢,都要回归旅馆。世间好比是个大旅馆,有的人只来一下子,也有人暂居百年岁月。生时的亲人、朋友、财产、事业,都是暂时拥有,一旦离开"世间旅馆",

一切东西都是生不带来，死不带去。

第三，人生如大海一沤

常有人感叹，苍天之浩瀚，人心甚渺小，也有人比喻自己是大机器里的小螺丝钉，或者也可以说，人生如大海一沤。大海波澜壮阔，包容万有，大海里，船过不留痕，鱼行不留声。大海给人方便，给人自由；大海让人开阔，让人谦虚；在大海里，每个人可以任意悠游。

第四，人生如睡时梦幻

许多人都曾做过梦，梦中上山下海，周游列国，梦中有天人、神仙、饿鬼、畜牲，变化无穷。做美梦时欢笑，做恶梦时惊惧，如同永嘉大师所说："梦里明明有六趣，觉后空空无大千。"梦醒之后，欢笑、泪水都是"黄粱一梦"。现实的人生也如梦般的幻化，忽而乐翻天，忽而苦断肠，这些苦乐终会事过境迁。人生如梦，有什么值得万般计较呢？还不如敞开心胸，笑看人生。

这些譬喻似乎把人生说得无常渺小，事实上是要我们对人生警醒，看待权位名利，如空花水月；面对称誉讥毁，当作是一场梦。菩萨总在空花水月中作道场，点醒人们在每个当下要清醒，在每个经历中积极地学习。生命如朝露，应该及时把握。

积极的人生

人,要建立积极进取的人生观,凡事要往好处想、往积极面去做;能够化消极为积极,化被动为主动,才能建立乐观进取的人生。有关"积极的人生",有以下四点应该注意:

第一,求人不如求己

俗语说:"登天难,求人更难。"因为求人难如登天,因此,有个故事说:有人问一位法师:"我们拿念珠念佛,为什么观世音菩萨也拿念珠,他到底念什么呢?"法师回答:"念观世音啊!""为什么观世音菩萨还要念观世音呢?"法师:"求人不如求己啊!"人要自我健全;自己健全了,凡事难不倒自己,自然就无需求人了。

第二,动口不如动手

修行人"说道一丈,不如行道一尺";练功的人"光说不练",功夫尤其不能长进;父母教导儿女,"身教重于言教";一个人如果经常"只说不做",别人不会服气。有人说:"德国人只做不说,日本人边说边做,中国人只说不做",我们应该把这种习惯改一改,宁可以多做少说,平常所谓"双手万能",凡事要动手去做,才能创造我们的事业,才能开创我们的前途,所以"动口不如动手",做比说更重要。

第三，妒他不如学他

人有一种劣根性，常常见不得别人好，所以对于别人比自己漂亮、比自己有学识、比自己有能力，甚至看到别人升官发财，就嫉妒他、打击他、阻碍他，如此不仅损人又不利己，何苦来哉？何不转个念头，把他当成善知识，虚心向他学习，不但于人无损，而且于己有益，岂不美哉。

第四，认命不如改命

有的人自认天生命运多舛，相信命运是前世注定；既然天生命不好，何不干脆认命？如此宿命论者，对自己的未来不抱希望，这是不对的。人的命运其实是掌握在自己手中，自己的前途要靠自己创造；命运既非前世注定，也非神明、上帝所能掌控，只要自己努力奋斗，必能改变命运。所以，人不要认命，应该奋发向上，为自己的前途创造出一番事业来，如此必能改变自己的命运。

世界上最大的力量是"心力"，心的力量奇大无比；人的意志往往可以决定自己的前途。

卷二 | **生命的真谛**

自学是成功的动力，
信心是到达目标的动力，
慈悲是家庭幸福美满的动力，
无我是宇宙中最伟大的和平动力。

生命的缺憾

人生的美好,是从缺陷中而有,人不一定要求圆满,残缺也是一种美。残缺是生命的本质,也是世间的实相,我们应该了解残缺,欣赏残缺,进而运用残缺,转化残缺,但不能让残缺成为生命中的遗憾。有关"生命的缺憾",有四点说明:

第一,贫不足羞,贫而无志是可羞

一个人贫穷,并不足羞,最可羞耻的是贫而无志。做人要"人穷志不穷",尽管一时困顿,但是财富上的有无并不值得计较,只要我们内心有志、有愿,不怕未来没有成就。

第二,贱不足恶,贱而无能是可恶

嫌贫爱富,希贵恶贱,这是人之本性。但是真正的卑贱并非没有功名,没有富贵,没有地位,所谓"无位非贱,无耻为贱",恬不知耻,必然贫贱卑微;不肯进德修慧,人格就会卑贱。甚至有的人好吃懒做,整日闲荡,不肯勤劳工作,也不肯努力上进,如此自我作践,才是最为可恶。

第三,老不可叹,老而无成是可叹

老人,不是年龄,而是心境;老,最怕的是心力衰退,而非年龄的增加。一个人老了，岁月无多，就觉得很可悲叹。其实人的生命活多久，并不重要，重要的是你在人间留下了多少功德事业？你有活出生命的意义来吗？对台湾最有贡献的郑成功活了38岁、精忠报国的岳飞活了39岁、孔子门下第一贤者颜回31岁、古代马其顿国王亚历山大大帝33岁。但是他们的人格道德、功勋事业，至今依然辉耀人间，为人所怀念。所以人老了不要悲伤，要紧的是，你活得有意义吗？

第四，死不足悲，死而无功是可悲

有生必然有死，人死并不一定要感到悲伤，人，只要能为世间上留下语言的寿命、功德的寿命、事业的寿命，所谓"立言、立德、立功"，能够有功于世人，这就是永恒的寿命，倒不一定在乎身体活多久。所以我们能留下一点功德事业让世人来受用，留下几句名言嘉句让后人来怀念，这才是重要的。

追求幸福圆满的生活，是人性自然的希望，但是在完成圆融的人生时，更应该涵养一颗宽厚的心，去帮助世间上其他有缺憾的生命。

生命的动力

牛马吃草,就有力量负重远行;人除了三餐饮食之外,还需要不断地补充精神食粮,才有动力向人生的前途迈进。生命的动力,有六点意见提供参考:

第一,在嗔恨处散播慈悲的种子

嗔恨、对立是人我的高山,也是自我的障碍。当别人把我视为仇敌,当我是冤家;越是对我不好,越是心中嗔恨我、仇视我,我越要悲悯他,越需要播下慈悲的种子。慈悲才能化解嗔恨,千万不能火上加油,仇恨又添仇恨,冤冤相报何时了?再说,学佛的人没有敌人,最大的敌人是自己,如果心中真有敌人,那么用心去爱自己的敌人,是让一个人进步的最大动力。所以,我们要散播慈悲的种子,要用悲悯心去消除嗔恨。

第二,在仇怨处施予宽恕的谅解

人生最大的美德是宽恕,不能宽恕他人,便无法获得别人的宽恕。当有人怨恨我,跟我产生敌对的时候,要布施宽恕与谅解,不要太计较,不要太执着,尤其不能让仇恨一直在心里发酵,否则最终受害的是自己,所以要用宽恕化解仇怨。

第三,在怀疑处培养信心的力量

"疑心生暗鬼",自己有怀疑时,要培养自我的信心;别人怀疑我时,也要给别人足够的信心。有信心就会产生力量,信心可以帮助我们解决问题。

第四,在黑暗处点燃般若的火花

"千年暗室,一灯即明"。灯代表智慧,一个人再怎么愚痴,只要能开发般若智慧,就如灯明暗去。所以,当我们在人际关系上出现裂痕误会,或自我情绪低落无明的时候,要点燃智慧的火花来化解问题,不可以意气用事。

第五,在失意时提出明天的希望

有人灰心、失意了,我们要鼓励他、安慰他,让他对未来充满希望,让他相信明天会更好、以后会更有前途。让别人对未来充满希望,这是无上的布施。

第六,在忧伤时赠予喜悦的安慰

当别人心情忧伤苦闷时,你能及时为他分忧解劳,并且给他一点喜悦,必能得到对方的信任与友谊。

人,要懂得改心换性,改心性、革陋习是自我进步的动力。其他如自学是成功的动力,信心是到达目标的动力,慈悲是家庭幸福美满的动力,无我是宇宙中最伟大的和平动力。此外,人际相处时,也可以运用我们的慈悲、智慧、宽容、信心,去帮助别人发挥生命的动力。

生命的助力

我们常听说"时代考验青年,青年创造时代"。不管生逢任何时代,我们所生存的社会、所接触的人事物,都是对我们的考验。如果我们不能接受环境的考验,不能抵挡声色货利的诱惑,心中没有力量,就不容易成功。反之,经得起各种顺境或逆境考验的人,则一切都能成为生命中的助力。关于"生命的助力",有四点看法:

第一,贫困是琢磨志气的玉石

所谓"玉不琢,不成器"。贫困其实正是砥砺、琢磨志气的玉石。一个人,面对外在的贫穷,可以靠勤劳来奋发;遇到外来的困顿,可以凭着坚忍来度过。只要你有愿力、有斗志,贫困、逆境,反而能够成长我们的志气,增加内在的力量。最怕的是心里贫困,没有力量抵抗外在的逆境,那就注定只有失败一途了。所以,我们宁可没有钱财,也不能没有骨气,更不能失去信心。

第二,卑贱是成熟人生的冬雪

人生难免会遇到不得志的时候,当自己时运不济,才能不能发展,只能屈就做小工,或者做卑微的工作;逢此时刻,千万不要因此而悲叹,因为《禅林宝训》有一句话:"霜之雪之,秋冬所以成熟也。"

生活上的一些不如意,其实都是成熟我们的冬雪。南泉普愿禅师曾经以采樵为业,隐峰禅师也曾以推车度众,他们开悟成熟后,都成为一代法将。因此,只要能经得起寒冷的冬雪,必能做苍松翠柏。

第三,逆境是考验人生的试卷

人生世间,要靠种种因缘和合而生存,因缘条件改变,环境也会随之而改变。因此,如果常常要求顺境,要求别人如我们的意,这是不可能的。遇到逆境,我不顺利,我不如意,因此就生气苦闷、消极懈怠,这叫经不起考验。篮球打得愈用力,蹦得愈高;风雨愈大,激起的浪花也愈高。接受逆境,把它当作人生的考试卷;你不怕逆境,不怕试题,就能愈挫愈勇,因为你心中早有准备。

第四,烦恼是修行证道的资粮

人,常常活在烦恼里。自己身体不好,起烦恼;别人说话我不高兴听,也烦恼;世间事情我看不惯,我更烦恼。在种种烦恼之下,人生怎么能快乐得起来呢?如果能把烦恼当作修行证道的资粮,不管遇到悲伤、忧闷、挫折,只要你能转化,就像酸涩的菠萝,经过阳光、和风的照拂,就可以尝到甜味。所以,人要懂得转境,能够转苦为乐、转染为净,才能转烦恼为菩提。

小孩子学走路,需要有大人的扶持;学生参加考试,希望有老师的帮助。在我们困顿的时候,也希望有善知识给予一臂之力。然而,别人的护持只是一时的,我们无法天天冀望别人的安慰或鼓励,只有开发自己内心的力量,才能成为自己生命中的助力。

生命的真谛

常常有人问人生有什么意义,有人认为生命的真谛在努力付出,有人以为生命的真谛在真诚服务,也有人说人生的真谛在成长蜕变,更有人主张生命的真谛在超越升华……到底生命的真谛在哪里？以下四点,我们可以思考。

第一,生命在事业中,不在岁月上

生命岁月的长短,不能决定它的意义。假如我们活了60岁、70岁、80岁,甚至100岁,却对人类没有利益贡献,或者"老不晓事"、"倚老卖老",乃至被讥评为"老而不死谓之贼",那又有什么意思？倒不如将生命的力量扩大,用来成就一番福国利民的事业,利益他人、利益大众,那么生命就不在年龄的长久,而在显现的价值了。

第二,生命在思想中,不在气息上

生命在呼吸之间,一口气不来,生命就没有了。但是,生命并不只是在这气息上而已,因为你既然活在世间上,就要对人类、对社会有所贡献,这就要靠思想了。你的思想里有智慧、有慈悲,都是利人利事,行止也必定是利人利事。你看,司马迁受宫刑后,发愿完成《史记》，柏杨也在牢狱中写下白话文《资治通鉴》，他们的生命早已超越自身的气息，而进入大我众生的思想中了。

第三，生命在感觉中，不在时间上

自我的生命在哪里？扪心自问：自己活得有意义吗？活得有价值吗？我活着对国家、社会有什么贡献？对民众有什么贡献？对团体、对家庭有什么贡献？如果感到是正面的，"我有贡献""我有用处""我可以奉献心意、力量"，那么我们就拥有生命的真谛、生命的价值，而不是在时间的久长。

第四，生命在内涵中，不在表相上

生命的真谛要在有意义、内涵，什么意义？比方，我一生中，教育多少的后进，提携多少的人才，帮助别人解决多少苦难，走过多少挫折。假如让别人因为我们而能有所增长、有所提高、而能扩大，那么，生命就不在表相上，而在自他成就的内涵中了。

生命的真义

每个人都有一个生命,因为有生命,所以我有了这个色身,有了生死,有了生活,有了各种社交、往来、活动。我们的生命,也不只是身体而已,主要生命是长久的、是永恒的,即使身体坏了、死了,可是生命不死。它像河水,流到五湖四海,一滴不少;它像木柴,一段一段的,这一段烧完了,换另外一段,但生命之火不会熄灭;它也像念珠,一颗一颗串在一起,一个阶段接着一个阶段,没有终始。因此,要如何了解生命的真义呢?以下有四点:

第一,信仰的生命

所谓信仰的生命,是对生命有无限未来的信仰,肉体上的生命有生老病死,但是信仰的生命,超越有无、超越对待、超越生死,它亘古今而不变,历万劫而弥新。因此,人不能没有信仰,有了信仰,就会觉得我与宇宙同在、与法界同体、与众生合一,感到"我是佛"、"佛是我",把小我的生命,升华为大我的生命。

第二,功德的生命

一般人努力创造事业,希望子子孙孙继续传承下去。但是事业的生命,还是有兴隆衰退的时候,假如你把事业转为慈悲喜舍、广结善缘、常做好事,这样的生命,就会变成功德的生命,福利社会,泽被人群,不但自己有好处,还可以让别人受到你生命的利益。

第三,道德的生命

古人有言:"钱财传给子孙,不如留德给子孙",人总会为儿孙这样想、那样想,其实,儿孙自有儿孙福,你留给他有限的财富,财富会有用完的一天,不如你建立儿孙的道德观念,让他建立良好的习惯,具备善根福德因缘、养成健全的人格,这样的子女,他会光宗耀祖,会帮父母、家庭、家族的生命,继续延长下去。

第四,言教的生命

"立言"是古人三不朽的事业之一,它是智慧的财产、文化的宝库,通过著书立说,人类美好的思想、文化,得以绵延传承。像《四书》《五经》,种种古圣先贤的著作,他们的言教生命,流传两千余年,至今润泽后代子孙。言教的生命,实在超越时空,亘古恒长。

洞悉生命

每个人都有源源不绝的潜能,等待发掘,每个人也都是自我生命的工程师,应该开发能源,升华生命。所谓"河沙妙德,总在心源",如何洞悉生命的宝藏,以下有四点提供:

第一,知足是天然的财富

世人往往只见到钱财的富有,殊不知我们内心有许多无形之财,如慈悲、信仰、欢喜、惭愧等。《八大人觉经》云:"觉知心无餍足,惟得多求,增长罪恶;菩萨不尔,常念知足,安贫守道,惟慧是业。"其实"富莫大于知足,贫莫大于贪婪",多求者,耽着外境,心为形役,不得安宁,若是知足守道,以内在之财为富,必定能欢喜自在。

第二,奢侈是人为的贫穷

一个会经商赚钱的人,若不知道开源节流,钱财早晚会流失。反之,赚钱少,但知道经营储蓄,一样能致富。宋朝寇准因为奢侈,加上子孙又奢靡,而将家财挥霍殆尽,可见奢侈无度者终难久富,节俭者必不致贫。因此,司马光以俭朴为美,不以奢侈为荣。

第三,精进是无尽的能源

勤劳精进,认真工作,是我们生命的能源。《左传》言:"人生在勤,勤则不匮。"以精进为锄,犹如拥有无比的电力,能为自己承担重荷,不生畏退,如菩萨"为求菩提,擐精进甲,以大誓愿为器杖,日夜精勤,增长功德,犹初白月渐渐圆满"。

第四,懈怠是隐形的危机

懈怠的人根身疲倦,心识放纵,不知奋发向上。懈怠之念一生起,像泄了气的皮球,再也弹不起来。于是,工作不起劲,导致财务困窘;意兴阑珊,生命力愈来愈萎缩。所谓"勤勉者,时间会带给你的希望;懈怠者,社会会忘记你的存在"。所以,为人应该勤勉精进,莫让懈怠的危机潜伏着。

莎士比亚说:"勤勉是幸运的右手,节俭是幸运的左手,两者均可致富。"财富不是凭空而得,是靠自己努力赚来的,也不是由享乐中得,是由勤劳节俭累积而成的。如果我们能洞悉生命内在的财富能源,勤奋向上,知足常乐,就拥有了人生最大的富贵。

生命的常乐我净

生命不只是人类才有,空中飞的鸟雀,山中走的野兽,河里游的鱼虾都有生命;不但动物有生命,树木花草、天地日月也都有生命。佛教说生命是永恒的,可称为"涅槃",涅槃的意义是常乐我净,也就是生命的真义。

第一,常,感到生命的永恒

佛教讲生命是圆形的,不是直线的,好比四季,冬天来了,春天还会远吗?时钟从 1 时走到 12 时,会再回过头来;一栋房子毁坏了,可以再重建;人有生老病死,死了又会再生,因此生命是不死的、是轮回的。生命的意义不在于时间的长短,重要的是为这个世界留下了什么,有的人这一期的生命像流星一样瞬间即逝,但是他们留下的贡献,却昭示着他们生命的永恒。

第二,乐,感到生命的喜悦

活着的意义在于创造快乐,但是酒色财气的快乐只是一时的、短暂的,真正的快乐来自道德、人格的升华,义理、人情的通达。好比佛陀的弟子跋提王子,过去在皇宫里拥有护卫保护,却害怕别人陷害;虽然吃得好、睡得好,却食不知味、睡不香甜,反倒是在淡泊的修行生活中得到快乐。

第三,我,感到生命的存在

一般人常说"我在这里"、"我目前"、"我现在",可见人的生命就存在于当下,即便是死亡了,生命依然存在,好比旧汽车报废了,只要再换一下零件或车身,还是可以再使用。所以,生命是永远存在,不会消灭的。生命存在的定义不在于一息尚存,而在于具有"用"的价值,小花点缀世间的美丽,小水滴滋润大地,小草绿化世间,因为有"用",所以让人感受到它存在的生命。

第四,净,感到生命的清净

人的本性是不受污染、没有罪恶的,只是一时被烦恼的灰尘、欲望的尘埃所遮蔽,而无法显现,一旦能将烦恼无明去除,就能回归清净的自性。人的心胸如能常葆赤子般的单纯,思想就能清净,思想清净就不会有烦恼。

涅槃的快乐有四个特性,就是"常、乐、我、净"。感到生命的长久,我们会快乐;感到生命里有自然的喜悦,我们会快乐;感到生命的存在,会觉得快乐;感觉生命的单纯清净,更是快乐。

健康的生活

人人都要健康,除了身体要健康以外,语言要健康,思想要健康,心理也要健康;身心健全,才能过健康的生活。因此,什么才是健康的生活?有四点:

第一,快乐的人,不会自恼恼人

忧愁苦恼的人,不只自己整天心烦意乱,也会将烦恼带给别人,把忧郁传染给别人。因此,我们要做一个有进取心、乐观开朗的人,做一个能与人为善、不与人争的人,唯有如此,生活才不会自恼恼人。

第二,自爱的人,不会自伤伤人

明朝吕坤说:"人不自爱,则无所不为。"不自爱的人,动辄做出违背道德之事;不自爱的人,到处为非作歹,危害社会,殊不知这样的行为,不但伤害了自己,也伤害了别人。因此,一个人要懂得自爱,才能从帮助别人中,体会自助助人的快乐;从慈爱别人中,懂得宽容的可贵。

第三,诚实的人,不会自欺欺人

商场上,有的人为了赚取蝇头小利而坑蒙拐骗;职场上,有的人为了谋得一官半职,不惜伪造文凭,假造学历。古德云:"诚者万善之本,伪者万恶之基。"一个不诚实的人,一旦让别人对他失去信任,自然得不到他人的支持。因此,我们要做一个诚实的人,待人处事要言行一致、不昧良心,如此才能活得心安理得。

第四,正直的人,不会自畏畏人

孔子曰:"君子坦荡荡,小人长戚戚。"俗语也说:"平常不做亏心事,半夜敲门心不惊。"一个正直不阿的人,自己行得正、做得直,则凡事无所畏惧,纵使有人故意散布谣言、蓄意毁谤,因为他心安理得,不但自己没有恐怖,且能为人所信赖,给人安全感。反之,做人不得正派,则临事而惧,惶恐不安,别人对他也会敬而远之。

因此,一个健康的人,不但自己身心自在、日子过得安稳,进而也能带给别人欢喜和快乐。

爱惜生活

有情者,怜香惜玉;自重者,爱惜羽毛;奋发者,惜时惜阴;英雄者,惺惺相惜。我们在世间生存,也要爱惜生活。怎样爱惜生活呢?有四点:

第一,省嗜好以养心

《佛光菜根谭》说:"好嗜欲则贪爱之心生,好利养则奔竞之念起。"人都有嗜好,适度的嗜好,可以怡情养性;不好的嗜好,成为癖性,甚至嗜好太过强烈,就会变成贪心,变成执着,成为烦恼的根源。因此,如《吕氏春秋》所说:"退嗜欲,定心气。"生活中省一省嗜好,就可以长养自己清廉的心。

第二,崇退让以和众

忍与退,是在大众里与人相处不可少的法门,如果说"忍"是一种担当,那么"退"就是一种涵养。所谓"耐一时,火坑变作白莲池;退一步,便是人间修行路"。一位谆谆君子,总是恭敬、退让以明礼。能够谦退不比较、不计较,自然就有人缘,自然就能和众。

第三,减耗费以惜福

滴水如金,丝履似银。世界上无论什么东西,都是来之不易,因此要懂得珍惜。乃至金钱、时间,甚至感情,也要爱惜。生活中能减少一点浪费,减少过度消耗,就是爱惜自己的福报;福报如同银行里的存款,懂得惜福,才不至于耗费用尽。

第四,重实践以成事

"经验来自实践,成功由于力行"。一个人事业能成功,努力实践是很重要的因素。有些人光说空话,说食数宝,做事虚晃一枪,这是不能成事的。修行也是如此,佛经云:"虽有多闻,不制烦恼,不能自利,徒无所用。譬如死人,着金璎珞。"如果没有实践,漫天的理论,犹如空中泡影,也是徒劳无用。

"知书可以明理,所以古人敬惜字纸;知悉人生无常,所以行者珍惜缘分"。佛法说人身难得,所以我们要爱惜生命。爱惜生命,就要珍惜人生、爱惜生活,否则浑浑噩噩,空走一遭,那就太可惜了。

健康生活

随着经济富裕、信息多元的发展,人们愈来愈重视生活质量与健康之道。尤其健康的生活,必须靠我们内在健康的观念及外在的条件,才可以成就。在此提出六点,供大家参考:

第一,养浩然的正气

孟子说:"吾善养浩然之气。"所谓浩然之气,就是有正义、有正见。一个人有了正义、正见,在生活中,即使面对诸多不如法、不如意、是非、好坏,均能以正确的态度面对、处理。因此,健康生活的第一法,就是养浩然正气。建立了正义、正见,你就会拥有健康的心理,拥有健康的生活。

第二,吃清淡的食物

现代物质丰饶,各种美食竞相推出,吃法也无奇不有。许多人乐此甘馔美食,视为人生一大享受。但是,医院里的病患没有减少,甚至文明病更难治愈。根据医学研究,清淡自然的食品,对人体不会造成负担,容易保持愉悦的心情,因此,现代人应重视清淡食物,以增进健康。

第三,有适当的睡眠

所谓"休息是为了走更长远的路"。睡眠看似静止,实有储藏隔日体力的功用。适当的睡眠,有助于生活质量的改善,但如果太过,则会造成反效果,使人萎靡不振,无法思考,因此,要有适当的睡眠。

第四,有充分的运动

人的身体,就好像一部机器,你不常发动,等到久了、生锈了,忽然要动,就动不起来了。因此,平常要有充分地运动,如散步、慢跑,像佛教的朝山、跑香,也都是很好的运动。

第五,吸新鲜的空气

一般人说:"早睡早起精神好。"早晨的树木花草,吐露芬芳,吸一口新鲜空气,会感到精神提振,身心舒畅。因此许多人趁着假日,携家带眷登山郊游,远离尘嚣,接触大自然,享受新鲜空气,也为自己的生活注入一股清新之气。

第六,具禅定的功夫

健康的生活,除了外在条件的调养外,也要配合内在的养成。尤其每天5分钟、10分钟禅坐的习惯,可以培养定力,有助于处理生活中各种问题,创造优质的生活。健康生活,要能动也要能静,将一天纷扰外攀的心,作一个调整放松,这也是健康之道。

生活的自在

塞车,让我们苦恼;感情,让我们挂碍;健康,让我们担心;钱财,让我们执着;人我,让我们伤神……人人离不开这生活里的种种,但是你生活得自在吗?以下四点提供参考:

第一,人我是非不去说

人与人之间的争执、冲突,常常是不经意的一句话引发而来。因为一言不和,反唇相讥,于是你来我往,甚至武力相向,一发不可收拾。所以,谈人我是非,容易招来灾祸;探他人隐私,很快惹来麻烦,这都是扰乱清净生活的原因。我们无法要求别人都对我们说好话,唯有自己转转心境,心中自然没有烦恼;人我是非之前,忍耐三分,反而得到更多自在。

第二,成败得失不计较

成功时,信心满满;失败时,灰心丧志,这是一般人常有的反应。然而一个成就大事的人,小小的成功不会志得意满;受挫时,也不会失去信心,反而愈挫愈勇。爱迪生面对实验室付之一炬时说:"感谢大火,把我以前所有的错误烧尽。"所谓"祸兮福所倚;福兮祸所伏"。人生的际遇,穷通祸福,成败得失,都只是一时,不管好坏,如果能把它看成是人生的过程,不执着计较,心灵的空间会更加宽广。

第三,忧愁烦恼不挂念

生活里有着许多烦人的事,你把忧愁烦恼带到床上,就会睡不着;把忧愁烦恼带到桌上,就会食不知味,因此,最好不要跟忧愁烦恼做朋友。有时候,烦恼并不一定从外境来,可能是自己起心动念,庸人自扰。因此,我们要做自己的医生、工程师、雕刻师,懂得自我对治烦恼,自我建立喜悦性格,甚至就以委屈、挫折、打击做材料,为自己雕塑一个美好、安住、自在的艺术生活。

第四,名闻利养不争前

世间名闻利养,用技巧争来,只会让人家不服气,终究不是自己的;只要缘分具足,不必去争,自然也跑不掉。所谓"义之所在,不落人后;利之所在,不居其前"。在名闻利养前,退让一步,何等的安然自在;在功名富贵前,安忍谦恭,才是真正的进步。

人生不能只是往前直冲,有的时候退一步思量,往往能有海阔天空的视野。

生活之要

每个人每天都要生活,但不见得人人都懂得生活。生活不是只有衣食住行,生活不能只是吃喝玩乐;生活中应该有对自我,乃至对他人应负的使命和应尽的责任。甚至纵使人人懂得生活,当中也会因为个人的生活态度不同,自然活出不同的生活质量,体验出不同的生命意义。例如有的人活得很艺术、很自在、很充实,有的人却在生活里烦恼、苦闷、不安住。所以"如何生活"才能活出健康的人生,有四点意见:

第一,三餐饮食要恰当

"民以食为天",人靠饮食滋养色身,生命才能存活。但是如果吃得不恰当,也会吃出病来,例如有的人吃得太多,吃得太好,结果营养过剩,造成肥胖症,不但行动不便,甚至危及健康。所以,要想获得健康的身体,饮食要知节制,要定时、定量,要把饮食当医药想,能够"食存五观",更是最佳的养生之道。

第二,出入衣着要得体

俗云"佛要金装,人要衣装",生活中除了吃以外,穿也是大事一件。穿衣除了有保暖、美观的功用之外,得体、合宜的穿着也是一种社交礼仪,从中亦可显示出一个人的身份、涵养。所以,在什么场合,是什么年龄,就该穿适合自己身份的衣服,这才是穿衣之要,而不一定要追求时髦、华丽,更不能标新立异,奇装异服,引人侧目。

第三,起居作息要正常

每个人一天都有 24 小时,虽然各人运用不同,但是什么时候睡觉,什么时候工作,什么时候运动,什么时候休闲,起居作息要正常。正常的生活作息,不但有助于身体健康,影响所及,举凡工作、交友,乃至家庭生活、个人性格的养成,都有间接的关系。所以,起居作息切勿晨昏颠倒,如此不但生活秩序大乱,自己的人生也会失序脱轨。

第四,精神生活要安静

人有物质生活,也有精神生活,精神生活安排得宜,可以平衡身心,稳定情绪,提升性灵。所以每天工作之余,要有属于自己独处的生活空间,让自己的精神得到片刻的宁静,让自己与自己对话,检讨一日得失。乃至透过礼拜、诵经、打坐等信仰生活,或是阅读、休闲、娱乐、艺术等活动,让心灵得到充分的养息,以迎接每一个新的明天。

每一个人的生活,要靠自己安排、策划,用心经营,才能活出不同的人生。纵使你只想平凡地过一生,也要把最起码的行住坐卧生活打理好,千万不能让自己活得一团纷乱,活得乏善可陈。

生活真义

常听到有人说:"生活有什么意义?"不明白生活意义的人生,等于行尸走肉、毫无价值,甚至枯燥无聊。历史上,曹操在《短歌行》中吟道:"对酒当歌,人生几何?譬如朝露,去日苦多。"即使是历史上的英雄豪杰,对于人生的意义,也未必真有所了悟。生活的真义究竟是什么呢?有四个依循方向:

第一,生活的目标在追求幸福

怎样才算幸福?家庭美满、富贵长寿、完成任务、获得肯定等等都是,然而,最大的幸福,还是来自内心的满足和平、自他的欢喜。要过得幸福快乐,就必须扩大小我,把自己融于大我之中,不仅追求个人的幸福,同时也创造人间大众的幸福,从大我中获得快乐。

第二,生活的体验在充实人生

生活重在体验,要有体验,就要充实人生。如何充实?认识自己的不足,加强新观念、新技术、新知识,开发潜能,与时俱进,厚植生命的食粮,这都是充实人生的方法。除此,还要发挥才能,积极投入社会,服务人群,使自己为众人所用,成为大众生命的一部分。

充实人生,才能开创人生。

第三,生活的美德在提升性灵

古人云:"心无物欲乾坤静,坐有琴书便是仙。"生活要讲究艺术,讲究美德,培养高尚的情操,拥有真善美。在生活里,我们使用善美的语言,表现真诚的行为,养成净化的思想。这些美德,可以帮助我们提升性灵,超越品格。

第四,生活的意义在圆满生命

生活的意义不完全是为自己,古德云:"和羹之美,在于合异;上下之益,在能相济。"和谐才能互利,和谐才能平安,我的生活的意义,在让我的家人、亲人活得欢喜、有价值;让我所居住的社会世间和平美好。所以,生活的意义,是在创造生命,创造社会的生命、国家的生命、大众的生命。

生活之中,有对自我,乃至对他人应负的使命和应尽的责任。每个人的生活态度不同,活出的生活质量不同,体验生命意义也不同。

生活的健康

每一个人都希望求得健康,但是健康有健康的条件,健康有健康的因果。如何才是健康的生活?才是健康的人生?有四点让大家参考:

第一,饮食要节制

人类色身的维持是靠着饮食来滋养,所以我们每天都要吃饭。有的人喜欢三餐外,再加下午茶点、宵夜,也有人为了保健,食用各种补药,如此吃得过多、过好,营养过剩,反而造成身体的负担,形成肥胖症,甚至引起胆固醇过高、糖尿病等等。

佛教以"少食为良药",只要每天三餐正常,定时定量,吃得均衡,吃得清淡,就不会造成肠胃的过分负担,此即是以节制饮食来养生。

第二,作息要正常

平时要养成生活正常的习惯,有的人为了赚钱,生活颠三倒四,步伐不规律,时间久了,生物钟自然也不正常。

为什么有些人会长寿?因为他们活得健康,过着早睡早起的规律生活。除了生活有序外,工作也须有规律,该是上班的时间就专心工作,即使忙碌,也尽量维持正常的作息。

第三,情绪要平和

佛教说:"情绪乃无明业风。"所以想要健康,对自己的情绪要能控制,要懂得平衡它,每天常常挂碍、忧愁,得失计较,这些都是有碍健康的。

现代人的健康杀手之一,就是"忧郁症",忧郁症与个人的情绪息息相关,当一个人的情绪平和时,除了身体能释放良好的能量与产生新细胞外,也会理智清明,做事安然,身体自然会健康。反之,情绪不平和时,则容易产生不好的细胞,不但影响生活质量,更伤害身体。

第四,物用要淡泊

日常生活里,衣食享用不能没有,但也不能太浪费。如我们出门不能不使用交通工具,但也没有必要用太好的车辆,因为太好的车子,除了需天天照顾、保养,出外也怕弄坏,更怕被人偷了去,总之有很多的挂碍。假如能淡泊一点,节制物欲,淡泊物用,就不会患得患失了。

《佛家养生百字诀》所言的生活健康之道,也可供大家参考:"早起未更衣,静坐一枝香;穿着衣带毕,必先礼佛祖。睡不超过时,食不十分饱;待客如独处,独处如待客……"有了正确的生活态度,正常的生活规律,我们要拥有健康、享受健康就不难矣!

如何拥有宗教体验生活

现在社会上追求宗教、信仰宗教的人愈来愈多。你信仰什么宗教,就有那个宗教的体验生活,而一个佛教徒,应有怎么样的宗教体验生活呢?以下四点:

第一,以如生活,无不皆如

佛教的生活是"如"。所谓"如是、如是","就是这样"的意思。如是,就是要安住身心,就是要如我不动。好比,一个月我赚到多少钱,就依多少钱去生活;我应该做多少事,我就尽力去做。把生活中的一切看成都是"当然的""本来的""一切就是这样",你有了"如"的观念,自己就不会妄求、妄动,不为五尘所染,不随五欲而转,你就能无不皆"如",到处随缘自在。

第二,以缘行化,到处有缘

世界的成立要靠"因缘",事业的成长,人我的关系,生活衣食住行,就是树木花草,也要靠各种条件因缘才能开花结果,生活在人间,没有"因缘",实在窒碍难行,难以有所成就。所以,我们要认识缘起,进而广结善缘,你有结缘,以缘行化世间,就会到处有缘,就能得到多助。

第三，以智拥有，凡事皆智

这世间一切，我们不可以用愚痴、贪心、妄念、邪见去追求，而要用智慧去拥有。比方，外在的物质生活，好比浮云行空，瞬即消逝，因此我不一定占有，但是可以享有世界；我不一定求外在的财富，但要开发心里的宝藏。能以智来拥有，凡事都是智慧，懂得随缘来、随缘去，就不会挂碍于心，恰似蜻蜓点水，了无余波，自在逍遥。

第四，以定安住，一切能定

我们经过一天的忙累，需要温暖的家来安顿疲惫的身心；鸟儿觅食厌倦了，也需要窠巢来栖止弱小的身躯。而我们要把心安住在哪里呢？安住在钱财上，它可能失去；安住在感情上，它可能会变化，安住在荣耀上，可能不长久，实在没有一个真正的安乐窝。佛陀教我们安住在禅定上，所谓"以定安住，一切皆定"。禅的世界，是"寂然不动，感而遂通"、无住而住的世界，充满洒脱、自在、活泼；禅的风光，可以与宇宙天地俱在永恒。

有了宗教的生活，就能升华，就可扩大，超越物质生活，超越人我对待。所谓"如人饮水，冷暖自知"，以上四种宗教生活，还得靠我们去亲身体验。

生活的真义

在生活里,我们经常为五欲尘劳、往来酬对,应付得疲惫不堪。人如果一直活在物欲的追求里,会把人生绷得很紧;能够跳出物欲,洒脱自在地生活,过一个超越的人生,这才是"生活的真义"。有四点说明:

第一,酒以不劝为欢

中国人好客,每逢宴会、聚餐的场合,主人不但殷勤地为客人搛菜,而且频频劝酒。古人劝酒,原本是表示祝贺、敬意;相沿至今,却成为一种无法避免的习俗。你看,有人喝酒的时候,先干为敬,强人所难,弄得大家尴尬、难堪不已。甚至有人劝酒不成,认为对方不给面子,导致恶目相向,挥拳舞刀,使得原本欢喜的聚会,却以悲剧收场,所以说"酒以不劝为欢",实为至理。

第二,棋以不争为胜

真正下棋者,他不争强斗胜,不以胜败、得失、输赢为计较,他只是为下棋而下棋。清朝大将左宗棠的棋艺高超,少有敌手。有一次微服出巡,看到一位老人摆下棋阵,并且在招牌上写着:"天下第一棋手"。左宗棠觉得老人太过狂妄,立刻前去挑战,没想到老人不堪一击,连连败北。左宗棠洋洋得意,命人将招牌拆掉。

当左宗棠从新疆平乱回程,见到老人居然还悬挂着牌子,心甚不悦,又跑去和老人下棋,结果三战三败。惊讶之余,他问老人何以在这么短的时间内,棋艺竟然进步得如此快速?老人笑着回答:"你虽然微服出巡,但我一看就知道你是左公,而且即将出征,所以让你赢,好使你有信心立大功,如今你已凯旋,我就不必客气了。"老人懂得下棋以不争为胜,那才是棋中高手。

第三,理以无妄为道

我们经常看到一些人发生冲突,僵持不下,往往只为了争得一个"理"字。其实谁有道理,谁没有道理,是很难从表相上判断的。真正的道理,不能虚妄,必须建立在公平、公正上,得到大家的公认,展现在人的理智之前,合乎普遍性、必然性、平等性、永恒性等条件,那才是真理,才是正道。

第四,人以无求为高

一般人的生活,都是有所求,求财、求名、求权、求位。然而"有求莫如无求好,进步哪有退步高",有所求,自然流于低俗。所谓"人到无求品自高","无"的世界并不是没有,而是"无限"、"无执"、"无累"、"无求";证悟"无"的境界,尽管有心、有情、有爱,但是不会受人事的障碍,而能活得安然。所以,人到无求,最为高贵。

我们要过超越的生活,主要是为了庄严自己、超脱自己,为自己的生命寻找一个安顿身心的世界。

安心的生活

在生活中,人人都渴望安心的生活,因此写信问候时希望"平安吉祥",过年春联会贴上"竹报平安",要出门了总不忘提醒"快快乐乐出门,平平安安回家",纵使遇到危险,也无不希望"转危为安"。可见"安心"是人人最基本的希求。如何才能安心地生活?有四点意见:

第一,要有美好的环境

所谓"近朱者赤,近墨者黑",人受外界的熏陶影响很大,所以过去有"孟母三迁",为的就是为孩子找一个美好环境,因为美好的环境,可以帮助我们净化身心,让我们能安心过一个好的生活,但它并不是别人创造好来给我们,而是我们每一个人自己要去美化环境。

外在的环境纵有欠缺,但我心里的情境要自己美化。像有的人欢喜美容、美发、美姿、美仪、美化语言、美化内心,甚至有些人帮助扫街、认养公园树木、维护环保,这些都是从内在到外在,为自己到为子孙,创造美好的环境。

第二,要有善良的师友

善良的师友,一般称为"良师益友",在佛门里则叫作"善知识",凡能引导众生舍恶修善,均可以称呼。他具备有"难与能与、难作能作、难忍能忍、密事相告、递相覆藏、遭苦不舍、贫贱不轻"七个条件,所以又称为"善友七事"。

推演开来,一个人不能离群独居,不但要有父母兄弟姊妹,我们还要有善知识的提携,自己纵有欠缺、不能圆满,有良师益友可以纠正我、鼓励我;自己纵有愚昧、懵懂无知,有良师益友可以启发我、开导我。

第三,要有合理的经济

一个人要生活,不能没有合理的经济生活,它是生存下去的基本要素,因此,古人说:"衣食足则知荣辱。"但是也有人很有钱,可是取舍无道,这种金钱就是维护自己的生活,也没有什么意义。所以不管是将本求利,或辛劳所得,都必须要有合理的经济生活。

第四,要有净化的感情

所谓"情不重不生娑婆",感情是生命的根源,人当然有感情的生活,因此称为"有情众生"。情爱如冬阳,可以融化冰雪寒霜,可以激发人性的真善美;但是,如果爱得不当,譬如爱的对象不对、观念不对、方法不对;爱得不正常、不应该,则不但会使双方产生烦恼痛苦,甚至因爱生恨,导致身败名裂,丧生灭顶。在佛教里并不排斥感情,但主张以慈悲来升华,以般若来化导。把自私占有的感情,转化成无私的道情法爱;把有选择、有差别的情爱,净化为"无缘大慈,同体大悲"的慈悲奉献,这样的情感生活才能更丰富、更隽永。

很多人祭拜,祈求神明保"平安";社会的秩序、交通等,也要依靠警察维持"治安"。但我们不能永远靠外在的"保安队"来让我们安心生活,重要的是要从我们自己的内心做起,就像古来多少行者,参禅修道,也是为了求得一个"安心"。

世间生活

人在世间生存,都离不开生活;即使信仰宗教,也需要生活。因此,古代禅师大德们所谓的修行,不外乎"吃饭去""喝茶去""饥时吃饭,困来眠""我要去小便";二六时中,哪里能离得了世间?所以,不管是不是宗教徒,都应该懂得正确地过世间的生活。以下有四点意见,提供给大家参考:

第一,要有人间进取的精神

一般人对信仰宗教者最为诟病的,就是太过冷淡,所谓"三冬无暖气,枯木倚寒蝉",以为这样才是真修行。事实上,一个人有了宗教的信仰,更要有积极的力量,为人间去进取。黄檗禅师大喝"斩断你的双腿",破除小乘的自了精神;道元禅师的"此时不晒,更待何时?"表现了把握当下的积极性。因此,修行不是畏头畏尾,不是踟蹰不前,如此才能发挥牺牲奉献、义无反顾、自利利他的大乘精神。

第二,要有乐观喜悦的说理

一个宗教徒和人家讲话,不一定开口闭口就是"看破世间""冤亲债主""赶快生天""往生净土"的言论,镇日"无常苦空",只是照本宣科,不是真正体会缘起的真理。真正懂得信仰真谛的人,说话,要带给人信心,带给人希望,把法喜安乐让对方共同分享,那才是乐观喜悦的说理。

第三,要有资生利众的事业

一个宗教徒,不能天天想别人给我供养、给我厚待。我们穿衣吃饭,都是仰赖社会大众的护持,自己本身当然要有资生利众的事业。我种农田、我植山林、我兴水利、我造桥铺路、我生产、我培育人才、我教化度众……我能有很多资生利众的事业,我能恒顺众生的需求,我对这个社会人间才有贡献。

第四,要有悲智愿行的性格

中国大乘佛教,南海普陀山观世音菩萨,是代表大悲的性格;山西五台山文殊师利菩萨,是大智性格的表征;安徽九华山地藏菩萨,是大愿性格的实践;四川峨眉山普贤菩萨,是大行性格的典范。所以我们作为一个宗教徒,可以学习这四大菩萨悲智愿行的性格,将我们的信仰落实在人间。所谓"人成即佛成",人间的责任道业完成,还怕将来不成佛吗?

每个人在世间生活,无不希望现在与未来都能无忧无虑;不管是像"热,到热的地方去;冷,到冷的地方"的快活烈汉,或者像"山高水长,柳绿花红;日照则温,风吹则凉"的温厚仁者,能实践以上这四种精神,则世间的生活才能真正到达至真、至善、至美的境界。

如何生活

在生活当中,虽有欢喜,但也有很多不能称心如意的事。有时候感到烦恼四起,或是人事纷纭扰攘,或是工作困难辛苦等等,身心总是不能安顿自在。我们应该如何生活呢?有四点意见提供:

第一,在工作中养息

每个人都要工作,如果你觉得工作是在度日子、工作是为了别人而做、工作只是换一口饭吃,那你可就辛苦了。假如你在工作中觉得与自己很有关系,在工作中发挥兴趣,在工作中展现价值,那么工作不仅不会给你压力,不是一种负担,甚至在工作中你可以转境、可以养息。文偃禅师的"在大便中乘凉",洞山禅师的"到热的地方避暑",这才是最高的境界。

第二,在烦恼中安然

人难免会有一些烦恼,佛教里有谓大烦恼、小烦恼、百八烦恼等,一般人也用"三千烦恼丝"来形容烦恼之多。在《六祖坛经》里,卧轮禅师说:"卧轮有伎俩,能断百思想,对境心不起,菩提日日长"。惠能大师却说:"惠能没伎俩,不断百思想,对境心数起,菩提作么长"。面对生活中的一切,能像惠能大师一样"不断百思想",

所谓"兵来将挡、水来土掩",就可以不怕烦恼起。你能够在烦恼里面有定力,不为其左右、打倒,那么你就能安然自得。

第三,在复杂中单纯

人心的思维很复杂,事情的琐碎繁重也很烦人,不过你可以化繁为简,在复杂中把它单纯化。曾经有人问一位禅师:"读经典的时候,遇到艰涩不懂的字,怎么办?"禅师回答:"查字典就好了。"其实,许多事不必要想得太多。能干的人,复杂的事他可以把它单纯化;不能干的人,常常把单纯的事情复杂化了。

第四,在不悦中自在

在日常生活中,有时候难免有一些人事、境界令人不喜欢,如果你在不喜欢时还能自在,就表示你本身内心有力量。东汉大臣刘宽的女侍不小心把热汤泼在他的身上,刘宽却问女侍烫伤了没有?能有这种从容的风度、宽宏的度量,就会帮助我们在不悦中保持自在的心情。

生活的开展

无论城乡或地方,要有发展,才有繁荣的未来;不管企业或组织,也要开展,才有进步的空间。禅门修道,无不追求心地明朗,顿开疑惑;一般人的生活,除了吃饭、睡觉、工作、休闲,内心也要开展,生活才能更有内容、更有品味、更有希望。如何开展生活?有四点意见:

第一,会说,要说出欢喜来

你会说话吗?有的人只要一开口,总是说些泄气的话、伤人的话,我们称之为"乌鸦嘴";有的人则琐碎闲谈,说东道西,尽说些没有意义的话,说了也等于没说。你会说话吗?最要紧的是,所说的话,要能给人希望、给人信心,尤其让人心生欢喜,自己也欢喜,大家都欢喜,因为宇宙之间,最美好的事,就是皆大欢喜。

第二,会吃,要吃出健康来

人都喜欢吃,有的人三餐一定要山珍海味,没有丰盛的饮食,他就觉得食不知味。然而吃得不当,吃出病来,身体受到损伤,真可谓"祸从口出,病从口入",实在划不来。其实,吃也是一种艺术,真正懂得饮食之道的人,要知道自己身体适宜吃什么,是热的?是凉的？是有益的？是无益的？有的东西吃了甚至害人害己，像酗酒、吸毒等。另外，不含食而语，不嚼食有声，不以舌舐食，或是食时不生恼怒，不捡粗挑细，没有喜恶之分等等，这些都是健康而正确的饮食之道。

第三，会穿，要穿出气质来

你会穿衣服吗？有的人穿要名牌服饰，如果不能如此，就觉得今天出不了门。其实，穿衣最重要的是，要能穿出气质来。在佛门中，穿衣也是一种修行，既无需故穿破烂，也不必奢华，只要注重衣着的整洁、简朴，配合季节、场地，合乎自己的年龄、身份，给人健康、大方的印象，就是得体。若能效法菩萨以般若璎珞披体，以惭愧道德严身，更能展现端庄稳重的穿着品味。

第四，会玩，要玩出学问来

人的生活里，少不得休闲与娱乐。娱乐的生活并非纸醉金迷、放浪形骸，而要能陶冶性情，净化身心，才是正当的休闲生活。例如，旅行参访、游山玩水，或者运动游戏、集体锻炼活动等等。只要能适合自己的身份，运用自己的才华，就能玩出很多的学问、智慧、欢喜与成就，这才是娱乐的意义与价值。

每个人一天都有 24 小时，片刻也不能离开生活。如何增加生活的内涵，开展生活的意趣，要靠自己用智慧去营造，用真心去体验。

生活品味

人要工作,狼要捕食,牛要耕田,凡是有生命的动物,都需要为生活而努力。生活虽然必须奋斗,但也要有品味。什么是品味?有的人追求吃喝玩乐,有的人追求富贵荣华,有的人喜欢周旋人我是非,有的人只会游手好闲,这些都是不可取的行径。生活品味是能提升精神层次的活动,列举以下四点:

第一,琴棋书画,样样来得

生活应该有艺术品味。古代不少达官贵人,不只是一个政客,也是能吟诗作对、品竹调丝,甚至通达文韬武略的才子,如宋朝苏东坡,才华横溢,诗词歌赋、琴棋书画无不精通,因此培养了豁达潇洒,能自在看待人生的胸襟。一般人在忙碌中,也应安排出一些时间,参观美术馆、博物馆,参加读书会、共修会,或吟一首诗、唱一首歌,过一点舒畅身心的惬意生活。

第二,公益活动,事事关心

生而为人,取之于世间,用之于世间,当然也要回馈世间,因此要有服务人群的品味。世间上的事,除了自己的事,还有国事、家事、天下事,要能事事关心。关心的方式有很多,有的人推动心灵净化,祈愿祝祷,希望世间变得更好;有的人高声呐喊,口诛笔伐种种不当的行为;有的人付诸行动,加入环保扫街、服务助人等爱心义工行列,这些都可以提升生活的品味。

第三,休闲旅游,增加知识

古人说,"读万卷书,行万里路。"饱读诗书固然可以学富五车,若能行走万里,也可以真正了解人外有人,天外有天。生活中偶尔与三五好友到郊外游山玩水,甚至远游世界各国,也能自我提升。许多人旅游只为休闲玩乐,其实在旅游当中,若是用心学习,更能从旅游中了解不同民俗风情,学习新知,增加阅历,开阔眼界。

第四,观察自然,怡然自得

如果有时间,每天能抽出半个小时静坐,可以从宁静中找到生活的品味。也有人喜欢莳花植草或走出烦嚣的都市,把自己融入大自然之中,所谓"万物静观皆自得,四时佳兴与人同",从赏心怡然中,能学习如花朵般给人欢喜,如山水般予人舒畅,如桥梁般供人沟通,如树荫般让人乘凉,如甘泉般解人饥渴;如此,在追求生活品味当中,更进一步创造生命的价值。

人生不能只是追求享乐、富有,人生也不要只做金钱的奴隶,应该增加生活的情趣,提高生活的品味。

生活的解脱

我们每一个人有不同的生活方式,有的人欢喜过居家的生活,有的人习惯过修道的生活;也有的人离不了世俗尘劳的生活,也有的人淡泊于清净出离的生活,各种的人,过各种的生活。生活的内容,有人以读书为生活,有人则以赚钱为生活;有人以职业为生活,也有人以旅行为生活;各式各样的生活,依人选择。而一个解脱者的生活是怎么样呢?我们可以欣赏一下:

第一,如山涧流水清澈透明

一个解脱者的身心,就好像山涧的流水一样,非常清净、非常清晰、非常透明,光明磊落,坦坦荡荡,巍巍乎、浩浩乎。解脱者的心境就像清泉,让人觉得沁凉明净。

第二,如岭上白云来去自如

所谓"竹密不妨流水过,山高岂碍白云飞"。解脱的人,如同山顶上那片白云,高山峻岭也挡不住它,因为它来去自如。在佛门有一句话:"云水三千。"有人问这是什么意思?其实,它说的就是一个解脱者的生活,它像天上的白云飘得来,又飘得走;又像地下的河水流得去,又流回来。出家人行脚就是云水。云水到哪里去?

三千大千世界。所以,云水就是"行佛"。

第三,如花朵幽香芬芳自知

一个解脱者,他有自受用的生活,也有他受用的生活。因为他解脱了,他自有他的道德与修养,如同桂花的幽香,能够影响到周围的每一个人。历史上,刘禹锡在《陋室铭》直言:"斯是陋室,唯吾德馨";苏轼在《放鹤亭记》中说:"子知隐居之乐乎?虽南面之君,未可与易也!"解脱的人,赞美超越的生活,显露芬芳的气质,自知而不骄慢,自信而不傲人。

第四,如江海明月自然映现

所谓"千江有水千江月",一个解脱者如天上的月亮,你有了江,江里面就会映现月亮,你有了海,海里面也会映出月亮,无论你在哪里,解脱者的心境都是光风霁月。又有谓"万里无云万里天",没有云的地方,天就会显现;解脱者,也像一片蓝天,他不给烦恼绊住,没有无明束缚,即使有了烦恼,也扣不住他,就是世间尘劳,也系不住他。只要解脱了,就不放在心上了。

因此,一个解脱者的生活,如山泉清澈、如白云逍遥、如花香自如、如明月映现,就是一个美妙的生活。我们社会大众,虽然身在红尘,难以完全解脱,但"虽不能至,心向往之",这也是可以让吾人追求的。

卷三 | 开发自我

人,最好的教育,就是自觉、自悟;
懂得自我改善的人,
必能不断进步、成长。

自我经营

现代人做事重视计划、组织、管理,凡事都要经营,例如经营事业,经营家庭,经营人情。此外,乐智者经营利益,更经营文化;求仁者经营慈善,更经营道义;好礼者经营财富,更经营善友;慕道者经营快乐,更经营法喜。其实,人更要懂得经营自我。自我经营之要有四点:

第一,在学习领域内,要精益求精

人生是永无止境的学习,所谓"活到老学不了",学习不是一时的,学习是一生的功课;学习也不一定只限于在学校里,举凡家庭、公司,乃至整个社会就是一所大学,提供给我们包罗万象的学习科目,穷毕生之力也学不尽。在学习的领域里,最要紧的是自己要精益求精,不要自满,不要自以为是,唯有精益求精地学习,才能更上一层楼。

第二,在工商社会中,要纵横交流

现代是一个信息发达、工商繁荣的多元化社会,每一个人从学校毕业后,都要进入社会工作。不管是经商贸易、工业经营,或是农业生产,都有各种的合作社、公会、农会等组织。说明这是一个注重群体合作、人际往来频繁的时代。在平时参加集会,与人际往来时要注意上下、左右的关系,也就是要竖穷三际,横遍十方。能够注意周围人际彼此的多种关系,才能捭阖纵横,任运自如。

第三,在人际空间里,要谈笑经营

人不能独自过着关闭的生活,尤其在人际关系互动频仍的现代社会,现代人已经和整个社会,甚至整个宇宙、世间、地球都紧紧结合在一起。在人际空间里,我们要懂得经营人际关系,要给人欢喜,给人利益,要在谈笑里面发展自己的事业。所以现代人要懂得幽默,不能太拘谨,不能太严肃,才能受人欢迎。

第四,在独自静处时,要心灵平和

紧张繁忙是现代人的生活写照,经历白天工作场中的纷纭动荡之后,到了夜晚独自静处时,不要再去想白天的人我是非,不要再为工作的好坏得失而伤神,应该让自己安然自在地享受心灵平和的精神世界,才有动力再出发。

有"经营之神"美誉的松下幸之助,一生除了事业经营得有声有色以外,他人性化的领导更是令人称道,这才是他真正最大的成功。所以,做人不但要经营有形的物质财富,更要经营无形的精神世界,这才是经营之要。

开发自我

盖一栋大楼,要开发土地才能兴建房子;设一间工厂,要开发新产品才有竞争力;农民种田也要开发新品种,才能增加收益。现在世界上许多国家都在开发海埔新生地,用来建机场、设工厂;也有的国家开发山坡地,用以植果树、设农场。开发、开发,举世都在积极地开发,但是真正重要的是开发自己,因为自己的心田里有无限的宝藏,有待我们去开发。如何开发自我呢?有四点意见:

第一,要自我觉醒

一个人如果缺乏自觉性,就会糊里糊涂,不知道自己所拥有的能源与财富,所以,一个人最要紧的是"自我觉醒"。如何自我觉醒呢?首先应该增广自己的见闻,充实各类的知识,增加自己的道德修养。更重要的是,要有正确的判断力,如此才能认真审视自我,深刻反省自我,在人生的道路上才能作出正确的选择。所以人要时时刻刻保持自我的觉醒。

第二,要自我肯定

众生累劫以来,一直在"五趣六道"里生死流转,慢慢地会将自己本具的佛性遗忘,而认为自己就是薄地凡夫。假如能开发自我的佛性,自我肯定"佛就是我,我就是佛",我的心中有佛,就不会做坏事。所以人要自我肯定、自我期许,才能创造自己的价值,才能开拓自己的前程。

第三,要自我承担

一个人如果凡事都不敢承担,就会一事无成。反之,有承担力的人,才能接受磨炼与考验;有承担的人,才有责任感,才能积极投入事业,才能勇于接受逆境的挑战;有承担力的人,才能不怨天尤人,才能和合人群。有承担力的人,是对自己有信心的人,只有能承担的人,才能领悟人生的意义。

第四,要自我发展

人要有自我发展的心,才会进步,才能开创自己的人生。如何才能自我发展呢?首先要认识自己的潜能,发现自己的不足,并且要与时俱进,不断地自我充实,加强新观念、新技术与新知识。除了经常针对自己的不足而努力加强以外,并且要好好发挥自我的才能,积极投入社会,服务小区,如此自能发展出一个善美的人生。

学佛,就是要开发自己的真心,开发自己的佛性。懂得开发自我心里能源的人,才是一个智者,才是富有的人。

自我健全(一)

树木茂盛,众鸟就会云集;海洋宽阔,龙虾、鱼类才会聚集。做人要先健全自己,才能作他人的依靠。如何健全自己?有的人身体上眼、耳、鼻、身、四肢都很健全,但是心理不很健康,反不如残疾人能"身残心不残"。所以谈到"自我健全"的方法,要在思想上、心理上、观念上有如下四点正确认识:

第一,有钱不如有德

一般人都希望自己拥有钱财、富贵。但是有钱并不一定能解决问题,有钱也不一定表示这个人很伟大,有钱其实不如有德来得重要,来得可贵。你看,伯夷、叔齐虽然饿死在首阳山,但是拿人与之相比,人皆欢喜,因为伯夷、叔齐是有道德的人。反之,纣王、幽王虽然贵为一国之君,但是如果你把某人比之于幽、纣,则会生气,因为他们是无德之人。可见一个人因为有德而能永远活在人们的心中,远比拥有万贯家财来得重要。

第二,富贵不如满足

世间上有的人家财万贯,有钱有势,但不见得就能满足;或是有了财富也不懂得运用,只是贪得无厌,不断地妄求,这就是富贵的穷人。也有的人经济上虽贫无立锥之地,但是他看到世间的美好,每天都有欢喜心、满足感,虽没有财富,那也是富贵的人生,所以,欢喜、满足,才是人生最大的财富。

第三,求人不如求己

俗语说:"登天难,求人更难。"一个人如果凡事都要求助于别人,这样的人生一定很苦。有人问:"观世音菩萨手上为何拿着一串念珠,他在念什么?"答案是:"念观世音。""观世音菩萨为什么还要念自己?"因为"求人不如求己"。所以做人要自我训练、自我健全、自我担当。

第四,颓丧不如振作

一般人做事,当遇到困难、挫折的时候,常常半途而废,甚至颓唐丧志、灰心丧气,从此一蹶不振,这样的人终会一事无成。须知"不是一番寒彻骨,怎得梅花扑鼻香",愈是风雨如晦,愈要积极奋发;愈是横逆艰难的时刻,愈要鼓舞振作起精神来。所谓"失败为成功之母",能够从挫折中汲取经验,才有成功的一日。

自我健全(二)

每一个人从小就在家庭里接受父母的教育,父母望子成龙、望女成凤,种种的教诲,都是希望我们能成才成器;在学校里,老师给我们的教育,所谓"希圣、希贤",也是希望我们能德学兼备;进入社会后,工作上的同事、长官给我们意见,给我们提携,也无非希望我们能不断进步。不过,光靠别人来教育我们、帮助我们,这是不够的!一个人要紧的是自我健全。有四点意见:

第一,自知才可明白分寸

人贵自知,人不自知,一切后果就很麻烦。一个人不自知,就是不识大体,就是不懂得环境因缘,不懂得别人的需要,不懂得拿捏分寸,甚至不明白脚下,不知何去何从?这就是不健全。

第二,自重才可不受诱惑

"人必自尊,而后人尊之;人必自重,而后人重之。"反之,"人必自侮,而后人侮之。"所以有时候受人侮辱、轻视,都是因为不懂得自尊自重,所谓"君子不重则不威",一个人不懂得自重,无法自我把持的时候,则容易受到外来的诱惑,自然也会招来无谓的侮辱,所以人要懂得自重,才可免于受侮。

第三,自立才可自主生存

俗云:"靠山山倒,靠人人跑。"世间一切事虽然需靠众缘和合,但外在的一切都只是一种助缘,不能完全依赖,因为世事无常,随时都会变异,所以人要靠自己自立。人能自立,才能自主,才能自强,才能自发自动;如果自己不能自立,又怎么能立人呢?

第四,自信才可洒脱自在

佛经云:"信心门里有无尽宝藏。"信心是我们的无上财宝,人要对自己有信心,所以在佛法里讲究要建立"四不坏信",也就是:对三宝不怀疑、对四圣谛真理不怀疑、对师门道风不怀疑、对自己的真如佛性不怀疑。一个人如果对自己建立信心,则世间必无困难之事,所以不管走到哪里,都能左右逢源!因此人能自信,必能洒脱自在。

人要自我健全,不能光是靠别人;懂得自我教育,才能自我健全。

自我健全(三)

人要自我要求、自我健全,不要等着别人来要求我们。如果自己不自我健全,别人当然就要来要求你,说你这个不对、那个不好,到处都是毛病。假如我能自我要求,比方说,说话怎么说法,做事怎么做法,走路怎么走法,所谓"坐有坐相,站有站相",能把自己的行仪都要求得很健全,别人自然就不会嫌弃我们。如何"健全自我"呢?有四点意见:

第一,德行高方能服人

《佛光菜根谭》说:"以力服人,时间短暂,功效浅;以德感人,时间久长,功效深。与其用力服人,不如用德感人;与其用力做事,不如用德做事。"一个人权威再大,只能服人一时,无法让人真心地心悦诚服;如果自己有德行,例如做人诚信、行为正派、说话慈悲、待人宽厚、热心公益,凡事以身作则等等,你自己具备种种美德,所谓"德高望重",别人自然就会臣服于你。

第二,度量大方能容人

一个人要想成大事,首先"能量"要大,也就是有"能力"之外,尤其"度量"要大,要能容人。例如,对于别人偶有过失,要宽恕他;

对于别人做事能力不足,要包容他,给他时间、空间学习成长,千万不能苛以待人,宽以待己。能以"责人之心责己,恕己之心恕人"者,才能容人;能有度量容人者,自然近悦远来,则何患不能成事。

第三,交谊厚方能知人

人与人初次相见,第一个印象虽然很重要,但是千万不能凭第一印象就断定一个人好坏,所谓"人心隔肚皮",人还是需要经过相处,才能"日久见人心"。所以,跟朋友相交,你以虚伪、谄媚之心对人,日久对方自然会看出你的人格品性;唯有待人真诚、厚道,友谊才能长久。

第四,真情深方能感人

人和人相处,"真情"最能感动人心。历史上,许多帝王带领他的文臣武将,因为情谊深厚,所以赢得忠臣誓死效忠;不少主人对待老仆人如一家人,因此一跟随就是几十年,甚至终生不离,因为他们彼此都为对方的情谊感动,因此能长期相处。待人,真情一生就能令人感动;有了感动,自会尊敬你,为你服务,甚至为你牺牲。

所以,一个人先要"健全自我",才能服人、容人、知人、感人;也唯有从待人处世当中,才能"自我健全"。

健全自我

身为人,最难能可贵的是能够修正自己的缺失,在心性、德行上,扩大生命的层次与领域。这就要靠点点滴滴自我教育、自我要求、自我学习、自我健全的功夫了。以下四个方向,可以锻炼我们的心性与身行:

第一,自我检查

《孟子·离娄上》:"行有不得者,皆反求诸己,其身正而天下归之。"《增一阿含》中佛陀也告诫我们:"不诽谤于人,亦不观是非,但自观身行,谛观正不正。"凡事把握现在,自我省察,反求诸己,了解自己的想法与行为,才能渐趋成熟,未来的脚步也才会更明确、更为稳健。

第二,自我训练

周利盘陀伽依照佛陀教导的方法,向自己的愚痴挑战,终能觉悟,成就道业;百丈禅师坚持"一日不作,一日不食",不假他人,用功修行。古圣先贤莫不以自我训练而成就大业,所谓"求人不如求己",要开发生命的潜能,唯有自己努力创造人生,才能到达。

第三,自我修正

六祖惠能大师说:"改过必生智慧,护短心内非贤。"确实,一个肯自我修正的人，必定充满智慧。你看！阿那律尊者因为佛陀一偈，改正好睡之习，精进勇猛；鸯崛摩罗经过佛陀的教化，忏悔过愆，得到清净；德山宣鉴禅师认识到自己所学不足，抛却过去，而有日后的悟道因缘。勇敢面对自己的不足，自我修正，能开启我们生命的智慧，向上升华。

第四，自我承担

成熟的人懂得承担。承担过错、承担重任、承担磨炼、承担失败，甚至承担自己的烦恼生死大事。惠能大师"迷时师度，悟时自度"，赵州禅师"小便都得自己来"，都是告诉我们要自我承担。有承担力的人，就会有责任感，有信心面对一切。

明儒王艮在《王心斋语录》中说："其身正而天下归之，此正己而物正也，然后身安也。"凡事从自己出发，自我检查、训练、修正、承担，通过这些努力，我们的心性与德行能够日渐健全。

自我鞭策

一个想要成功的人,无论做什么事,都要全心全意地投入,如果心猿意马,懈怠懒惰,因循苟且,不但不能成功,反而还会成为失败的祸患。人生在世,即使父子至亲,在面临生死攸关的一刻都无法替代,更遑论其他身、口、意业,学业、事业、道业谁能替得?成功唯有鞭策自己,奋发自强,方能指日可待。以下提出"自我鞭策"四个法则,提供参考:

第一,修口业不妄言

修身之道,不外乎"谨言慎行"。古人说:"言者心之音,行者心之影。"话语一出口,即象征着自己的立场与看法,理应为自己负责,岂能不慎。但是,也不能因为害怕祸从口出就闭口不言,当说而不说,亦是妄语。佛陀被尊为天人师,因为佛陀真语、实语、不妄语,是我们学习的榜样。

第二,重道业不懒惰

世间的学问是有漏法,会随时空变迁而异,唯有真理是历万劫而亘古长新,是我们生生世世都学习不尽的宝藏。人类因懂得探索真理而充满希望,然而佛法无边,唯勤是岸。所谓"法门无量誓愿学,佛道无量誓愿成"。唯有不断精进,才能让生命呈现风光霁月。

第三,勤学业不放逸

面对这个瞬息万变、日新月异的时代,只有不断地学习,才能适应外在环境的快速变迁,唯有不断地学习,才能获得新知,为自己开发生命的价值与成就。宋代大儒朱熹曾言:"无一事而不学,无一时而不学,无一处而不学。"说明勤学不放逸的重要,等同于今日之"终生学习"的观念。"终生学习",是人类面临新世纪的生存方式。

第四,创事业不苟且

唐朝李世民开创"贞观之治"的辉煌政绩,他为后人留下一句名言:"创业维艰,守成不易。"无非说明自己一路行来,披荆斩棘、夙夜匪懈的艰辛困苦。所以,创办事业,绝非苟且可得。

《谏太宗十思疏》云:"忧懈怠,则思慎始而敬终;虑壅蔽,则思虚心以纳下;想谗邪,则思正身以黜恶。"一国之君,固然要时时鞭策自己,谨慎言行;一个人的言行举止,旁人也会受其影响,加以学习或评论,因此不可不慎。

找到自己

自古以来,相传在深山、大海里,蕴藏着无限的宝藏,近代科学也已经证明,确实在山间、海底藏有丰富的天然资源。因此考古学家、探险家、旅行家、商业家们,无不千里迢迢,上山下海探取宝藏。

其实,心外的宝藏有限,真正丰富的宝藏是我们的"自性真如",它隐藏在我们的心里,等着我们去挖掘,如何寻得自我的宝藏,仅提供四个方向:

第一,从佛像经书里,可以见到自己本来的面目

唐太宗说:"以铜为镜,可以正衣冠;以古为镜,可以知兴替;以人为镜,可以明得失。"佛像、经书就如同一面镜子,是最能诚实反映真实自我;也是带领我们穿透迷雾,亲见本来面目的途径。

第二,从花草沙石内,可以认识自己内心的世界

宋朝苏东坡居士从山风吟啸,流水潺潺体会"溪声尽是广长舌,山色无非清净身。""郁郁黄花无非般若,青青翠竹皆是真如。"寒山禅师说:"吾心似秋月,碧潭清皎洁,无物堪比伦,叫我如何说。"天何言哉?四时行焉,百物生焉。大自然的花草沙石里蕴藏着无边的法界,只要你有一点灵犀禅心,即可悟道"一花一世界,一叶一如来"。

第三,从拜垫禅椅上,可以坚守自己无限的生命

诸佛菩萨不需要我们众生的恭敬礼拜,乃是借由我们身体的礼拜,以认识自己永恒的生命,犹如"片石孤峰窥色相,清池皓月照禅心"。在一起一拜之间,升华自性,旷大生命。借由关闭诸根之妄动,摄持心念于专一,方能体会无边的世界,展现自我是佛的升华。

第四,从人我是非中,可以体会自己真实的宝藏

禅门诗云:"闲居无事可评论,一炷清香自得闻,睡起有茶饥有饭,行看流水坐看云。"意喻不把人我是非揽自身,不举人过添烦恼,便不至于搅乱一池春水。唯识家说人我之间的是非好坏,都是我人自心之显现,因此若能堪破自他不二,心境一如,便能认识当下自我如如不动的真实宝藏。

学佛,学什么?念佛,念哪尊佛?学佛就是学自己,念佛就是念自心。

自律箴言

人要自律,自律才能尊重自他。一个懂得自律的人,必然也懂得安排自我的生活,日子必定能过得舒坦安乐。在近代政治人物中,张群先生活了101岁,他作了一首《自律歌》,成为许多人奉行的"养生之道",在这里援引"自律歌"其中两句话,提供作为大家的"自律箴言"。

第一,日行三千步,夜眠七小时

"步行"是体育界、医学界公认为一种接近完美的最佳运动。有人到大陆探亲后发现,许多当地人的寿命都很高,因为他们习惯走路。佛教所谓"佛地千步走,活到九十九"。经典也记载"经行"有五种好处:能堪远行、能静思维、少病、消食、于定中得以久住。走路就是走向健康之道。

睡眠可以使身心凝定沉静,恢复身心精力与消除疲劳。但是,如果怠惰放纵,耽于睡眠,反而让人昏昧不觉,提振不起精神来。因此,一般人的睡眠只要七小时就好,睡眠时可作光明想,修习纯熟了,连睡梦中也是一片光明,养成这样的睡眠习惯,对身心的健康最有助益。

第二，饮食不逾量，作息要正常

"一切生命，要靠饮食才得以维持。《佛地经论》说："能任持身，令不断坏，长养善法，故名为食。"饮食吃饭可以维持我们的色身健康，吃得适当，也能够长养善法。所以，佛陀告诉波斯匿王："人当自系念，每食知节量，是则诸受薄，安消而保寿。"

唐朝白居易说："一日分五时，作息率有常。"真正有能力的人，工作和生活都很正常。他们懂得作息要均衡，太忙太闲、晨昏颠倒，都无法冷静思考或循序渐进解决问题。佛门里也强调，五堂功课正常，意思也是生活作息要规律正常。

第三，心内怀慈悲，口中出妙香

人生最高的美德是慈悲，慈悲的人会用柔软的心灵关怀众生，用慈爱的眼神看待万物，用真诚的话语随喜赞叹，用勤劳的双手广做好事。慈悲的缘分可以美化生活，增进和谐；慈悲的音声让人终生难忘，令人如沐春风。所谓"口里无嗔出妙香"，口里没有怨声，内心就能太平，与人相处说话，没有讽刺，没有恶口、妄言、绮语、两舌，如《金刚经》所说的"真语者、实语者、如语者、不诳语者、不异语者"，话不含刀带刺，不伤害到别人，就能"口出妙香"。

第四，念念持正法，菩提日日长

"正念"就是正当的思想、正当的思维、正当的见解。禅堂里，维那师父经常高喊："提起正念。"过堂吃饭时，维那师父也会唱诵"大众闻磬声，各正念"。就是提醒我们，二六时中，要保持正念。正念可以对治妄念，医治我们的烦恼。有正念的人会坚定信念，不断地重建自己，身常行善事，口常说善言，心常存善念，以身、语、意三业之正行、正语、正念，可以利益众生，增上菩提道心。

世间的校规、法律是来自外在的约束,属于他律;佛教的戒律则是发自内心的自我要求,属于自律。自律是设身处地,将心比心地为他人着想。自律的人,不自恼,不恼人,生活有道。

自在之法

人都不想被人束缚,而希望自由自在地过日子。但是,自由自在不是心想就有的,我们每天生活里,常常被名枷利锁束缚,被烦恼忧愁束缚,被人我是非、得失有无束缚,怎么能解脱自在呢?所以,"束缚"有时并不一定来自外面的环境、人事,而是自己内心的自我束缚。那么如何才能解脱自在呢?有四点意见:

第一,要能放下荣辱

荣耀人人希求!但是,有的人"求荣反辱",有的人守着"一时的荣耀"自我陶醉,结果一事无成。因此,荣耀来时,不能患得患失;甚至不管光荣、侮辱,要能放得下,不要光荣来时就满心欢喜,受到了侮辱就难过,如此生活怎得安宁?能够"荣的由它荣,辱的任它辱",自己心中自有好坏的标准,而不受外境左右,自然就能自在了。

第二,要能放下名利

"希名求利",这本是人的天性;适度地追求,无可厚非。但是如果名利心太重,天天看着股票,心思都随着股票的涨停板、跌停板而起落,甚至汲汲营营,忙着到处逢迎拍马,希望名利双收,其结果不一定能"名成利就",反倒被"名枷利锁"给束缚了。所以人要能放得下名和利,不受名利的羁绊,人生才能自在。

第三,要能放下得失

人的一生,不是得,就是失;得失之间,往往得中有失,失中有得,得与失不是绝对的。但是一般人把得失看得太重,在得与失之间比较、计较;吃了一点亏就放不下,讨了便宜也不见得带来快乐,只有徒然增加内心的重担,让自己在得失之间背负无形的担子。所以,一个人要想求得心灵的解脱,首先要能放下得失之心。

第四,要能放下欲望

人的生活里,离不开"财、色、名、食、睡"等五欲的追求。为了欲望的满足,每天钻营、奔走,为欲望而忙碌、辛苦。但是欲望就像无底深渊一样,何能有满足的一天?所以人往往做了欲望的奴隶而不自知,为了欲望而心事重重。人唯有放下欲望的贪求,才能去除心中的负担,才能解脱自在。

何谓解脱的人?放下!何谓自在的人?放下!能放下心中的负担,就能解脱自在。例如一只皮箱,用时提起;不用时,要能放下。时时提在手上,就成为累赘,成为负担。

自我觉察

一般人,常常都是用两只眼睛看着别人,每天都在省察别人,分别这个好、那个坏,评论这个对、那个错。其实,人生最重要的,是要省察自己。那么要怎样省察自己呢?有四点意见:

第一,念高危,可以谦冲而自牧

有的人处高位,以为从此可"一览天下小",所以胡乱号令他人,把威势使尽。其实,越是居高位者,所谓"高处不胜寒";地位愈高,不懂得谦冲自牧,就有累卵之危。所以身居高位者,如果察觉危险的话,必懂得谦虚待人,继而不断自我反省、自我充实、自我要求。

第二,惧满溢,可以江海纳百川

"满招损,谦受益。"一个人如果自满,就好像一杯水,满了就会溢出来,就无法如江河大海一样成其大。所以做人要谦虚,要像江海容纳百川,又如高山不辞土壤。一个人肯不耻下问,不计高下地去友爱他人,相对地也能获得别人的友谊,而能缘多成事。

第三,享富贵,可以济困顿贫穷

一个人享有富贵荣华,这是自己的福德因缘所成;只是世间无常，一切都是因缘所生法，富贵未必能长久。有这种省察与觉悟的人，当他在享有富贵的时候，必会想到还有很多生活困顿的人，有待施予救济。有了这样的慈悲一念，种下了济困的因，将来必定还会享有富贵的果；否则富贵享尽，一旦势尽力穷，即使想施贫穷，也无能为力，因此为善要及时。

第四，掌权势，可以助黎庶百姓

一个人有了权势，可以用来欺压良善，也可以用以造福苍生；是善是恶，往往只在一念之间，就看自己的良知与悟性。所谓"公门里好修行"，一个掌权势的人，懂得体恤黎民百姓，自不会用权势去鱼肉人民，反而尽力帮助他们解决苦难。

所以，一个懂得时时自我省察的人，不但本身可以处世无患，也可以利益他人。

自设的陷阱

我们在社会上立身处事,有时候别人为我们设下许多陷阱,让我们身陷其中而无法自拔。不过更可怕的是,有不少人是自己为自己设下了陷阱,自己却不自知。自己在自设的陷阱里不能超越、不能解脱,自己把自己束缚起来,那才是最可悲,也是最可惜的事。什么是自设的陷阱?有四点看法:

第一,忧会天地皆窄

有的人一直在忧愁苦闷里想不开,如果忧愁想不开的话,则天地虽宽,自己的世界却很窄小;就如天空虽宽,一旦被乌云所覆,则日月也会暗淡无光。所以人要走出忧愁,心境才能开朗,世界才会更宽广。

第二,怨会到处为仇

有的人跟人结怨,凡事不朝好处去想,见到人不是像乌鸦嘴乱说话,就是像互相扑斗的公鸡,到处跟人战斗,到处与人树敌结仇,到处无法和人友好相处,那就是自我设下了陷阱。

第三,哀会自己束缚

有时候我们常常在不知不觉中自怨自艾,感伤自己没有生在富贵之家,怨叹自己生不逢时。或是怀恨朋友欺负我,社会也对不起我,甚至觉得世间所有一切都给自己麻烦。其实,当一个人遇到困难不知反省自己,只会怨天尤人,这就是自己束缚自己,不能全怪别人。

第四,怒会大敌当头

佛经云:"一念嗔心起,百万障门开"、"嗔心之火,能烧功德之林"。有时候我们常常心怀嗔恨,怒气中生。一个人只要一生气,就会失去理智,就会为自己树立起许多的敌人,障碍、麻烦自然跟着而来,甚至平时尽管累积再大的功德,也抵不过一念的嗔火之猛烈。

超度自己

佛教讲诵经超度,道教也有作法普度,基督教要祈祷得度,任何一个宗教都希望大家可以得度。其实,我们不一定要超度鬼魂、祖先,超度自己才是最重要的。

究竟如何超度自己呢?有四点看法:

第一,超度冤亲可以广结善缘

明朝冯梦龙《醒世恒言》说:"生事事生何时了,害人人害几时休;冤家宜解不宜结,各自回头看后头。"世人皆希望世界早日和平,却仍然战祸连年;家庭皆希望和谐相处,家暴事件却层出不穷,这都是因为彼此把对方当作冤家聚头所致。因此为求世界大同、人民安乐,人人当以平等心待人,不分怨亲,大家同体共生,如此才能广结善缘。

第二,超度妄念可以获得正觉

当你妄念纷飞的时候,很难看清事实的真相;妄念停止了,心里的清明正觉自然就会显现。就如搅动污水,越是搅动,则水质越是混浊;当你停止搅动,污泥沉淀杯底,清水则能自现。

第三,超度悲伤可以到至安乐

一个人经常忧愁,则身心不能调合。孔子说:"其未得之也,患得;既得之,患失之。"人总是在患得患失中,把自己弄得烦恼横生,为了获得安乐,就必须转化悲忧为欢喜,超度了忧愁就会得到快乐。

第四,超度自己可以获得解脱

人之所以不能得度,原因很多,最重要的在于贪欲、嗔恨、愚痴不停,心中的怨气、杂念、忧愁、苦恼太多,假如我们能把心中的烦恼无明都超度了,就能获得喜舍、慈悲、光明、平等、正觉、安乐、解脱,这将是多么美好的人生!

自制的力量

一个人要有力量,不是用拳头打人,也不是以恶语骂人就有力量。最大的力量是从内心自发出来的,也就是要有自我克制的力量、有管理自己的力量。有四点意见:

第一,不偏信而是非不明

古人把进谗言的小人斥为"谗夫",故有"谗夫毁士"之说,像韦郢公慷慨节义,终困谗夫。一个人只要贵耳贱目,心就容易被障蔽,就容易为奸佞所骗;像社会上的诈骗团伙,最常使人上当的蒙骗伎俩,就是取人的偏信心态。所以佛教讲究正信,要我们在心上专一谛听,就包含善听、兼听与全听,让我们前进的舟船,有个正确无误的方向与航道。

第二,不任性而情绪不稳

人,常常容易任性,喜怒好恶随自己情绪高低而定,在应该欢喜的时候他不欢喜,应该伤心的时候他不伤心,这种情绪性格,就是没有自制的力量,没有管理自己的力量。佛陀曾教示弟子要"不受第二支箭",也就是不要因无明烦恼而引生更多的恶业,导致自己再受更多的苦。

像《孙子兵法》说："主不可以怒而兴师，将不可以愠而致战。"就是很明智而理性的态度。因为怒而兴师出战，很可能决策失误，损兵折将，所以人不可负一时之气，率性而为。

第三，不恃长而显人所短

有一种人，自以为很会讲话、很会做事、很会计划，因此傲慢而好表现。殊不知自以为是、恃才傲物的心态，正容易暴露自己的短处。像《三国演义》里的祢衡，初见曹操军营中机深智远的谋士、勇不可挡的武将，都视如无物，却狂妄自我吹嘘，终于因此被砍脑袋，做了无头狂鬼，也就回不了头了。所以，天不说自高，地不言自厚，"厚道"之理，深有意涵。

第四，不愚拙而忌人所能

有的人因为自己不足，反而忌人所能；有些事情自己做不到，相对地就阻挠别人的成就。这种自己没有得到甘旨，也不让人获得利益的心态，就是没有自知之明；嫉妒人家之能而不以为学习榜样，难道就会有所得吗？历史上，法家思想集大成者韩非，因受同门李斯相忌而入狱，悲剧以终；反之，诗仙李白溢美崔颢于黄鹤楼题诗，甘拜下风，成为历史佳话，值得后人学习。

儒家云："克己复礼"，就是人的一种自制力量，而在人际往来上，就是一种和谐的交流。

改善自己

人都有一些陋习,有一些不好的习惯,需要时时自我改进;甚至有一些不好的观念、不好的行为,也要不断地自我改进。懂得自我改进的人,才能不断进步;"墨守成规",理直气壮地认为"我本来就是这样",那么就永远没有进步了。怎样"改善自己"?有以下四点意见:

第一,消极不如积极

有的人性格消极,在平常生活里,就是一副懒洋洋的样子,不但凡事提不起精神,也提不起勇气。对于个性、思想消极的人,需要改进;消极的人生什么都不是你的,什么也不能获得。人,必须化消极为积极,以进取的、勇敢的态度面对人生,天下才有你的一分。这个世间,凡事都要自己一步一个脚印地去实践、争取,才能拥有自己的天空。

第二,被动不如主动

有的人性情被动,就像棋盘上的棋子一样,你动他一下,他就走一步;你不动,他就不走了;被动的人,凡事等着别人来要我们做,这样的人必定一事无成。所以,凡事做善事,要能主动去做;工作,要能主动去加油;好人好事,也要主动去表现。这个世界掌握在谁的手里?毫无疑问的,掌握在主动者的手里;唯有主动积极参与的人,才能融入大众,才能扩大自己的生命。

第三,悲伤不如快乐

有的人不但个性消极、被动,而且悲观。他对自己的前途悲观,对自己的事业悲观,对家族的未来悲观,对朋友,甚至对国家社会的发展,都觉得没有希望。有一则故事说,有一只小狗老是在转圈子,想要咬自己的尾巴,因为有人告诉它,幸福快乐在尾巴上!可是它一直咬不到尾巴。后来大狗告诉它:"其实幸福就在我们的前面,只要你向前走,幸福就会跟随着你。"所以,悲观的人要换个心情去想,世间就不会如此的愁云惨雾;你能化悲伤为快乐,能够积极乐观,对自己充满信心,快乐自然就会围绕在你的身边。

第四,刚强不如柔和

"自古刚刀口易伤,从来硬弩弦先断",有的人性格很暴力、很刚强,动不动就跟人怒目相向,甚至拳脚以对,如此不但伤人,而且到处树敌,最终伤害最大的是自己。其实"柔能克刚",能够以"柔和忍辱"的态度跟人相处,让人如沐春风,必能到处左右逢源,无往不利,所以柔和才是处事做人的妙方。

人,最好的教育,就是自觉、自悟;懂得自我改善的人,必能不断进步、成长。

自我雕琢

《三字经》说:"玉不琢,不成器;人不学,不知义。"其实,人如玉石,也是要不断地与朋友互相切磋、琢磨,尤其要不断地自我雕琢,才能越来越圆融,越来越成熟。如何雕琢自我,有四点意见:

第一,智慧要能开发

智慧不是口里说的,也不一定是记在书本上;真正的智慧是在自己的心里,开发自己心地的智慧,佛教称为"明心见性"。心地的智慧一开发,"大圆镜智"一现前,宇宙间的形形色色、森罗万象无有不明。智慧不同于世智辩聪的知识,所以智慧不从外求,而是要从内心去开发。一个人有了般若智慧,就能明白真理。

第二,性情要能调和

有人的脾气很大,他说我生来就是如此;有的人生性懒惰,他也理直气壮,认为我天生就是这样。甚至有的人贪欲心强、有的人好与人斗;不管如何,性情不要有太多的暴力、太多的意气用事,或是过于任性与情绪化。我们要通过后天的雕琢、修正,让自己的性格变得和谐,才能见容于社会。

第三,处事要能乐观

人际相处,难免会遇到不如己意的人。有的人稍有不顺,就灰心失望,认为我不需要交你这个朋友,我不必要再作无谓的努力。其实,人生不如意事十之八九,我们应该带着乐观的心情,不能对人要求太多;你嫌他不好,就是因为他不如你,如果你能慈悲一点,反过来帮助他,一切都会改变。所以,只要我们用乐观的心情处事,人生会变得更美好。

第四,德行要能健全

人我相处,必须靠道德来维护,道德观念有多重,人格就有多高;以道德节义与人交往,则品德自然清高。所以,我们要雕琢自我,要改善自己的行为,要健全自我的德行,而不是要求别人;要求别人,不如要求自己。

人要在社会上立足,除了要有健康的身体以外,最重要的就是雕琢自己的智慧、心性、思想、德行,让自己健全起来,才能发挥自己的能量。

自我进步

俗语说:"学如逆水行舟,不进则退。"其实不管为学或做人处事,每天都要有所进步;如果墨守成规、原地踏步,就是落伍,就会被时代所淘汰。所以,每个人每天都要比昨天好、比昨天进步,因为有进步,才有成就感,有进步才能足堪自我安慰。那么如何才能自我进步呢? 有四点意见:

第一,以苦读砥砺志节

你想要有所进步吗? 首先就是要变化气质。怎样变化气质呢? 你要读书,要砥砺自己用心于学问上。古人"凿壁借光"、"悬梁刺股",都是苦读有成的最佳典范。但是读书不是为了贪求富贵,不是为了找到好的职业;读书是为了明理,为了变化气质。过去讲"文人雅士",不粗鲁、不俗气,文质彬彬,很有气质,很有节操,很有骨气,这才是读书人的风范。

第二,以忏悔自我更新

人要守礼守法,以礼法来规范自己的行为;就如火车行走在轨道上才安全,汽车遵守交通规则才平安。一个人如果行为有了偏差,要懂得忏悔;忏悔如法水,可以清净我们的身心。就如衣服肮脏了,使用清水洗涤一下,就能恢复清洁,所以人要懂得忏悔,才能不断自我更新、自我进步。

第三,以和谐与人相处

你想要进步,最重要的就是要做人处事。做人处事要讲究和谐,如果你和人相处,经常跟人唱反调,不断跟人相斗、抗争,甚至跟人比较、计较,让人觉得与你相处是一件痛苦的事,那么你会到处没有人缘,到处惹人嫌弃。因此,人际相处,最重要的是,要给人感觉你有和谐的个性,这才是做人最大的成功。

第四,以信仰净化身心

一个人,不管你是信仰哪一个宗教,总之,你要有一个自我的修持,自我的修道。因为唯有用"道"来净化自己的身心,才能完成自己、圆满自己。

自持之方

现在社会上很流行管理学,举凡企业管理、财务管理、档案管理、人事管理,甚至情绪管理等。其实人最需要的是自我管理,每一个人如何管理自己?如何自持自己的身份?有四点"自持之方"提供大家参考:

第一,宠利不居人前

在事业上、公司里,有了荣耀、利益时,不要抢在人前,有时厚道一些,分一点好处给别人,不仅可以利人,也可以自保。《尚书》云:"臣罔以宠利居成功。"清朝的年羹尧,官拜川陕总督抚远大将军,被封为"一等公",却因为功大而骄,后为雍正所忌,群臣纷纷上章弹劾,招致下狱而亡,这就是不懂得"宠利不居人前"。因此《菜根谭》里也说:"行不去处,须知退一步之法;行得去处,务加让三分之功。"

第二,德业不落人后

"立荣名,不如种隐德。"一个人的财富、事业、学问、名誉,可能因为能力、聪明等条件不一,而有多寡、高低的差异。然而一个人的道德、慈悲、人格、惭愧……种种德业,不会因外在的因素而有不同。人比人,气死人,但德业不会,我们宁可什么都没有,德业不可以落人之后。"一句真理无价宝,比金比银万倍好;人间道德无价宝,比山比岳万倍高。"因此,我们要时常发愿,慈悲要多一点,道德要高一点,惭愧心要大一点,"行之苟有恒,久久自芬芳"。

第三,享受不逾分外

人间有很多的享受,吃得好、穿得好、住得好,到处旅行、游玩……这些都是享受。甚至被人赞美,是一种享受,受人爱护、照顾,也是享受。不管你得到多少享受,最重要的是不可以有逾分外。凡事超过了并不是福气,例如在工作上,我一天的价值多少?我一个月的薪水多少?应该得的,我得,分外不应得的,得到了,并不是很好的事情。所谓"勿以少分的学德,博取多分的荣誉",所以,在恪尽职责上,不必小看自己;在享受权利上,不要膨胀自己。

第四,言行不偏中道

《佛光菜根谭》说:"行为可以看出做事能力;言谈可以察知品德修养。"有用的一句话,胜过无益的千言万语;有益的一件事,胜于无用的千辛万苦。可是,一般人做人处事、言行之间,常常不是太冷,就是太热。欢喜的时候,说出来的话失言;愤怒的时候,做出来的行为失礼。或者对人不是要求过严,就是要求过松。假如能在自己的言行上,不冷不热,不求不拒,以中道为准则,最是适合。

调御己行

人是群居的动物,我们不可能离开人群独处,因此,日常生活里免不了要与人接触,所以人际相处之道,是不可忽视的学问。孔子所谓"克己复礼",就是要以礼来调御自己的言行,约束自己的举止,有礼才能不侵犯他人、尊重他人,以礼来调御自己,才能遵守社会道德。关于"调御己行",有四点意见:

第一,欲人勿闻,莫若勿言

讲八卦、听八卦,这是人的天性,我们常听人说:"我告诉你一个秘密,你不能告诉别人噢"!结果,不到几天的时间,这些话又由第三者的口中,传到了你的耳里,而且传话给你的人还会说:"告诉你,你不能告诉别人噢"!俗语说:"朋友就是将你的秘密'不小心'传出去的人。"在寓言故事《国王的耳朵》中,我们了解到,要别人守住秘密,是自他都痛苦的事情,所以,若要人勿闻,莫若己勿言。

第二,欲人勿知,莫若勿为

俗语说:"若要人不知,除非己莫为",《后汉书》记载东汉安帝时,有位性好逢迎的昌邑县令王密,在夜深人静时,抱了一袋黄金赠送给太守杨震,并告诉他:"暮夜天黑,只有你我二人,请放心收下,不会有人知道。"杨震怒斥:"天知、地知、你知、我知,怎么会没有人知道!"只要你做出来的事情,就不可能没有人知道,所以欲人勿知,莫若勿为。

第三,欲人勿谎,莫若勿苛

《菜根谭》云:"攻人之恶,毋太严。"如果你希望周围的人都能对你忠诚以告,不要有不实之语,你在待人处事上,就不能太苛刻,否则别人怕讲出实话会被你责骂,只好以说谎话来自我保护。同样的,如果你能常给别人机会,适时给他人协助与关心,对方才敢跟你说明真相,所以欲人勿谎,莫若勿苛。

第四,欲人勿纵,莫若勿严

俗语说:"教人以善勿过高,要令其可从。"有些父母,为了要子女成龙成凤,而造成孩子的学习负担,孩子在承受不了沉重的压力之下,只好放纵自己与恶友往来。所以,我们和人相处,要以尊重对方的态度,引导对方主动向上,才不会如施压过久的弹簧,造成弹性疲乏,即使想恢复弹性,已无法挽回,因此,欲人勿纵,莫若勿严。

人际相处之道是人生的重要功课之一,也是生活质量好坏的要件,一个人如果懂得"调御己行",才能让他人乐于与我们相处,因而获得良好的人际关系。

自我进德

做人有两个最大的课题,一是如何有益于人,一是如何自我进德。关于如何"自我进德",有四点意见:

第一,见人善行,多方赞叹

我们看到别人做好事,要给他赞美;知道某人是善心人士,要给他赞扬,这就是佛教所谓的"随喜功德"。做人要有随喜、随缘的性格,也就是说,当你看到有人说好话,你要赞叹他说得好;看到别人做好事,你要赞叹他做得好。凡是他人所言、所行,每有可取之处,你都能给予赞叹,所谓"口中无嗔出妙香",口里经常赞叹别人,就会散放慈悲智慧之光,甚至常常用好言好语对待别人,那就是自己获得人缘之道,未来的路会愈走愈宽,会到处受人欢迎,这就是自己的方便,就是自己用不尽的宝藏。

第二,见人举过,多方自省

有人批评我们,说我们这个不对、那个不好,也不必做太多的说明、做太多的辩解,甚至针锋相对,严词驳斥。见人举过,即使不能"闻过则喜""闻过则拜",至少要多方自省,我有做过这样的行为吗?我有说过这样的话吗?你懂得自我反省,就容易找到自己的过失,就容易改进,自然也就容易进步了。

第三,闻人好语,多方奋勉

有时候别人也会给我们赞美、鼓励、表扬;听到人家说我们的好话,不要太自我陶醉,也不要太自我得意,不要以为别人赞美我是应该的,自己要有一种惭愧、反省的心,觉得我自己做得还不够好、不够多,因此要更加奋发、勤勉,希望赢得更高的荣誉,获得更好的成绩。

第四,闻人谤言,多方警惕

当别人毁谤我、批评我的时候,怎么办呢?其实也不必生气,能把对方的批评、毁谤,当成是给自己的一个警惕,甚至怀着感恩的心,感谢他给自己一个消灾、忏悔的机会,如果你能这样想的话,自己就能增德进业了。

人,必须时刻躬身自省,才能进德修业;凡事不忘自我检讨,必能进德修业。尤其,每天在思想上、观念上都能大死一番的人,对自我增品进德,必定大有帮助。

自求多福

在家庭里,孩子会跟父母撒娇争取宠爱;在学校里,学生会跟老师耍赖要求加分;在公司里,员工会跟老板暗示希望加薪;平时,我们会跟亲友往来培养助缘。其实,外在能给我们的东西毕竟有限,有时也要看我们的福德因缘;福报缘分不具,强求不得。真正的福德因缘,不是到外面去求,而是向自己求,要求自己,自己健全了,福报不求自来,所以人要"自求多福",有四点意见提供参考:

第一,求财不如勤俭

宋朝朱熹先生在《近思录》提到:"懈意一生,便是自暴自弃。"我们想要发财,如果懒惰不事生产,财富不会自己从天上掉下来;想要发财,必须生活朴实,省吃俭用,加上勤劳努力,日积月累,财富自然会不断增加。

第二,求名不如随分

很多人都希望自己成为有名望的人,名望不是靠别人平白奉送,要靠自己积功累德,自己健全。有的人一心追求名位,只为满足个人的虚荣心及欲望,结果贪得无厌或过分执着,就容易陷入名利的大海里,患得患失而忧苦终日,难以自拔。因此,追求名望最好的方法,就是自己随分;能够如实随分,因缘到了,名望自然会来。

第三,求助不如结缘

人的一生,难免会有需要别人帮助的时候;当我们需要时,能够适时提供助缘的人,就是我们的贵人。我们生命中的贵人在哪里?贵人就在结缘里。平日与人广结善缘,因缘自然会回馈于你。所以,求人帮助,不如自己主动跟人结缘,此即所谓"与其坐待因缘行事,不如创造因缘机会。"

第四,求福不如修身

人都希望自己是个有福报的人,得福报,也要有条件去享受福报。有的人一边赚钱,却一边浪费;有的人一边烧香祈祷,离开寺院教堂就恶口嫉妒。甚至有人祈求健康长寿,却暴饮暴食,生活无度,这些都把自己的福报功德漏掉了。因此我们要修养自己,身心健全了,自然多福。

俗云"生天自有生天福,未必求仙便成仙",自己不努力行善,自求多福,却祈求神明、佛祖赐予,这有违因果道理。如经典所载,有人看到油在水上漂浮,祈求神明让油沉到水底去;看到水里有一块石头,祈求神明将石头浮起来,这当然是不可能的事。因此,我们想要求得福分,必须靠自己努力奋发!

战胜自己

要改变别人很容易,要改变自己很困难;战胜别人很容易,战胜自己更困难。所谓"江山易改,本性难移",世间最可怕的敌人不是别人,而是自己,因为我们过去有种种的习气、观念,很难一时之间说改就改。好比一位老烟枪,明知道抽烟对身体不好,就是难以戒除;就像爱生气的人,明知道生气不能解决事情,就是难以控制。所以要想改变自己,必先要战胜自己。如何战胜自己?以下提供四点战略:

第一,用虚心粉碎我慢的高山

我们有一个很大的敌人,就是"我慢"。经典上说,我慢的人,视"我"为一己之中心,由此执为"我"形成骄慢,就像高山一样,把自己树立起来,目空一切,结果不但无法和别人沟通,也障碍了自己的因缘。要进攻我慢的高山,唯有用虚心低下做武器。虚心,能够消弭人我之间的隔阂,拉近大众的距离;低下,就不怕会受到委屈,就不怕别人看不起,这是粉碎我慢高山的最高本领。

第二,用智慧降伏无明的魔军

我们的第二个敌人是"无明"。无明,让我们不能如实知见、不能通达真理、不能理解真相。它使我们内心失去了光明,污染我们清净的本性。就好像是魔王军队,盘踞在我们的身心里,阻遏我们勤劳向上,诱惑我们偏离正道。

怎样才能打倒无明的魔军呢?般若智慧。有般若智慧,就会明理,觉知世间一切诸法虚妄,不起分别风,不刮对待雨。智慧,就是一盏能够点亮众生心中的明灯,引导迷津,唯有智慧才能降伏无明魔军。

第三,用正观对治贪欲的恶贼

我们身心里潜藏着贪欲的恶贼,禁不起外境的诱惑,看到这个,就想要占有;听到那个,也想要掠夺,永远无法满足。即使获得,也会害怕失去,执着难舍、患得患失。这种贪欲的恶贼,使我们整天忙于追求,无法自在。

要对付贪欲的恶贼,就要用正观来对治。正观就是正当的看法,明白是世间的法则真理。世间所有一切都是因缘和合而成,生灭聚散,会拥有就会失去,若能如是观察,拥有时你会珍惜,缘去时也不会过于懊恼,这就是正观。放宽心胸,能够利他利众,就不会被贪欲所打败。

第四,用菩提超脱生死苦海

人生无法逃避的,就是老病死生,感到最痛苦、最无奈的,也是生死苦海。经典用"头出头没"来形容众生在生死大海的情况,因为你不知道什么时候沉沦,不知道什么时候会脱离,永无出期,轮回不已。

要超脱生死苦海,唯有发菩提心。菩提心就是慈悲心。因为他有慈悲的力量,故他"智不住诸有,悲不住涅槃",对家人、社会、国家、众生，心怀"上弘下化"的使命和责任；因此他有力量，不怕轮回，征服生死洪流，以愿力自度度人，脱离苦海。

　　古人言："学如逆水行舟，不进则退。"人生也是一样，一直不断地向自我挑战、自我超越，才能自我提升。

尊重自己

人生最重要的是要认识自己、尊重自己、肯定自己。一个人唯有自尊自重,才知道奋发有为,如果都不知道尊重自己,没有自尊心,则人不像人,又何能寄望功业有成?因此,如何尊重自己、发挥自己,就是一件重要的功课。以下有六点参考:

第一,工作要计划

人要生存,就必须工作。一个人如果不肯工作,就会变成懒散闲人,不但失去生活目标,也无法找到自己生命的定位。要工作,就要有计划,有计划,才能事半功倍。尤其现今信息时代,任何事都讲求效率,事前就应做好准备,不是遇到才商量、才计划,如此才能发挥最大效能。

第二,做事要负责

一件工作的交代,就是责任的赋予。你承担了一句话、一件事,就要有一种"坚持到底"的精神,戮力以赴,完成使命。这种责任感,是人生应有的基本态度。如果你不尊重自己,推卸不负责,下次,别人又怎么敢将重任托付与你?

第三,人生要乐观

烦恼是人生的"实相",就是因为人生烦恼,所以更要乐观。倘若你做什么事,都是苦苦恼恼,心不甘、情不愿。那么,又能成就什么?反之,如果能转化念头,心甘情愿,乐观生活,即便只是一件小事,也能从中肯定自我,不断积累,人生的价值就会不同。

第四,态度肯进取

世间一切没有"最好",只有"更好",无论做什么,进取的态度就很重要了。进取是一种力量,是一种精进,一种勇猛勤策、不断向上的精神。有了这种精益求精、进取精进的力量,不懒惰,不停顿,就能推动我们向前,迈向成功。

第五,处事具前瞻

有句话说:"大丈夫争千秋之事业,不赌一时之气愤。"有些人眼光"近视",不能放大格局,沉溺是非人我、好于闲谈杂话、计较工作分量,心思种种都放在琐碎小事上,还自以为追求公平正义,这怎么会有前途?唯有处事具前瞻,志向放远大,逐步踏实,才有前景和未来。

第六,生活有禅味

现代人都说要懂得爱自己,其实,"禅"就是爱自己。有了禅,可以解脱缠缚,可以安顿身心,可以放旷自在,可以认识自己本来面目。生活有禅味,就有幽默、自在、洒脱,有诙谐、有智慧。把禅味带进生活、工作,会给自己欢喜、家人欢喜、同事欢喜,不但自尊自爱,也会尊他爱他。

人尽管有生老病死、生住异灭而流转,但是,清净的真如佛性永远不受牵动。因此我们更应该肯定自己,相信自己,尊重自己。

善待自己

一般人总希望别人待我们好一点,但是这太难希求了。与其等待别人来待自己好,不如自己先对自己好。善待自己的方法很多,比方吃饭营养均衡,注意身体健康;穿衣保暖,不让自己受凉;好好休息,保持精神体力。善待自己也不只是这样而已,除了身体上的善待之外,以下还有四点意见:

第一,不重自己者取辱

一个人不看重自己、不尊重自己,所谓:"君子不重则不威",你不尊重自己,自然人家也不会尊重你,就容易自招屈辱。所以我们要别人的尊重,得自己先尊重自己,清楚做人处世的立场,言行举止合乎身份,应对进退有据等等,明白这些,就是善待自己的第一步。

第二,不畏自己者招祸

儒家说:"慎独",古德也云:"畏己",指的是我们不一定怕人、怕天、怕因果,但是要怕"自己"。自己很可怕,为什么?因为我们的眼、耳、鼻、舌、身、心,好像六个土匪强盗,住在人体的这个村庄里。他们为非作歹、造作恶业,你能不畏惧吗?如果你不畏惧、不小心、不谨慎,不把眼、耳、鼻、舌、身、心管理好,那么随着它起舞造作,弄非招祸,惹下麻烦,受苦的就是自己了。

第三,不满自己者受益

如果你对自己不满意,经常想到自己的道德不够、慈悲不够、智慧不够;在工作上想到:"我的努力不够""我的用心不够";在人际相处上想到:"我待你不够好""我待你不够诚意",假如你能够不满意自己这些种种的缺陋,你会想要有所改进,努力增上,培养因缘,那么,你自己就会受到很大的利益。

第四,不是自己者博闻

不是自己,就是不自以为是,常能自我反省"我这样子对吗""我这样子准确吗"。知道自己的不足之处、不是之处,肯不断地研究、不断地修正,参考别人的意见,听取别人的看法,渐渐地,你会消除自己的执着、看到自己盲点,获得许多知识,进而能够博学多闻。

能够自觉,就会改进自己;能够自觉,就会扩大自己,能够自觉,就是善待自己。

找回自心

东西遗失了,我们都会想尽办法把它找回来;亲人失散了,更是千方百计寻找,希望能重温天伦之乐。甚至有时候我们也会找工作、找朋友、找乐趣等等。但是,寻找任何东西,都没有比找回自己的心来得重要。我们的心经常在外漂泊浪荡,我们应该要把他找回来。如何找回自心?有四点:

第一,成就内心的自性佛

每个人都有一颗真心,也就是我们的自性佛。所谓"佛在灵山莫远求,灵山只在汝心头;人人有个灵山塔,好向灵山塔下修"。我们本具的真如佛性,长期以来因为受到五欲六尘、声色犬马的染污而迷失。所以,修行的人为了找到真心,有的用礼拜,希望有一天能认识自己的本来面目;有的从禅坐中反观自性,希望有一天能得到一点消息;有的人花了数十年时间,在佛经里探讨;有的人穷一生岁月,在佛号里寻找。不管运用任何方法,我们唯有找到内心的自性佛,才能认识自己。

第二,点亮内心的智慧灯

"千年暗室,一灯即明。"我们的般若智慧,也像灯光一样,可以照亮内心无始以来的愚痴、无明。无明就是烦恼,它能遮蔽我们的真心,让我们看不清自己的本来面目;就如乌云遮日,天地自然阴暗。我们唯有净化心灵,把内心的尘埃拂拭净尽,则乌云散去,阳光普照,自然晴空朗朗。所以,我们要点亮心灯,要发掘般若智慧,才能认清自己。

第三,治疗内心的三毒病

贪嗔痴三者,佛教称为三种根本烦恼,又称为"三毒"。意即这三者能荼毒众生的身心,让我们如生大病,无法修道,而与真心本性愈离愈远。所以,学佛就是要"勤修戒定慧,息灭贪嗔痴";当我们透过三学的修习,达到"以戒治贪、以定治嗔、以慧治痴"的目的,把贪嗔痴的疾病治愈,自然能够找回本自具足的佛性。所以,人要做自己的医师,要善疗自己疾病,才能做自己的主人。

第四,发掘内心的七圣财

每个人的一生,多少都曾有过发财的梦想,只是有几人能如愿?何况世间的财富为五家所共有,即使拥有再多的钱财,往往转眼成空。世间真正的财富,是信仰、持戒、惭愧、闻法、精进、喜舍、智慧等,佛教称为"七圣财"。这些财富都存乎我们的一心,我们内心有无尽的宝藏,只要我们找回自己的真心,则生生世世取之不尽、用之不完,这才是真正的无价之宝。

一般人平常都是向外求,求名、求利、求荣华、求富贵,反而把自家的宝藏弃置不顾,殊为可惜。所以,聪明的人要懂得向自己的内心探求,能够找到自己的真心,寻回自己的本性,就是世界上最富有的人。

开发自我

我们常听人说要开设工厂,要开拓产品,要开发山坡地,乃至要开采能源、矿产等。其实,不管开发能源也好,开采金矿也罢,不一定要在另外的地方去开发,我们每一个人的心里都有无限的宝藏,所以如何"开发自我",才是人生最重要的课题。有四点意见:

第一,在平淡中找滋味

你觉得自己的生活很平淡吗?其实人生本来就很平淡,每天早起晚睡,每天三餐,每天工作,这不就是平淡的人生吗?但是,我们可以从平淡的生活里找出平淡的滋味。平淡的滋味是什么?比方说我很欢喜、我很平安、我很祥和、我很自由、我很逍遥、我很自在;你能够从生活中体会出这许多的滋味来,平淡的生活自有其不平凡的味道。

第二,在劳动中找安适

人每天都要劳动,都要工作;如果你把劳动当作辛苦,当然就很辛苦。假如你在工作里感到快乐、欢喜,从工作中感觉很有趣味、很有成就感,工作就成为快乐之源,如果你因而喜欢工作,不就天天都快乐了吗!

第三，在封闭中找自由

你觉得自己的世界太小，自己的居家环境太小，自己的生活圈子太小吗？你觉得自我太封闭吗？没有关系，你在封闭的生活里，思想可以自由。你不但可以扩大思想、升华志向，甚至可以让自己的方寸之心，包容法界之宽。只要懂得经营自己的身心世界，就能找到自己的天地。

第四，在友谊中找真情

俗语说："一贵一贱，交情乃见。"世间的人情冷暖、世态炎凉，的确让很多人感到寒心。所谓"纸张薄，人情比纸张更薄"。但是凡事只要从自己做起，就有未来，就有希望。你觉得人情很冷、很淡，不过没有关系，你把自己热起来，你能待人真诚，自然就能从友谊里找到真情。

如何了解自己

了解别人很容易,了解自己很难。就像我们每个人都有两只眼睛,看别人很清楚,却看不到自己,所以,一定要有一面镜子来反照,才能如实看见。我们如何看到自己,了解自己?有四点意见提供给大家:

第一,我的心中有些什么

你可以检查一下自己的心,里面有些什么,是贪爱?是瞋恨?是愚痴?是邪见?是嫉妒?是疑惑?这些让我们痛苦的无明烦恼,当然要排除。能勤修戒定慧,熄灭贪瞋痴,开发心中的善美、真诚,心中有好人、有好事,这颗心会是好心。

第二,我的耳朵听些什么

一般人的耳朵都乐意听人家的恭维、谄媚、是非,甚至听到别人的不好、坏话,就幸灾乐祸、落井下石。或者,一听到别人对自己的批评、不是,就沮丧、懊恼、伤心、痛苦,为什么不听取人家的好言、好语、真话、实话,而任由这些不好的言语,让我们自己空生烦恼、难过呢?所以,可以留意一下我们的耳朵都听些什么内容,能够会听、善听、兼听、谛听,摘取他人讲话的精华重点,才是真听。

第三，我的双手做些什么

大家可以试着了解自己的手做些什么？是偷窃、是打架、做坏事，这双手就不是好手，过去做小偷、强盗，现在金盆洗手不做了，不再偷、抢、盗，转而帮助别人，这双手就是功德手、慈悲手。比方，随手开灯，给人光明，为人开车，给人方便；插朵花，身心愉悦，捡垃圾，保持干净等等，观照自己双手做什么，随时随手做好事、做善事，自他都会欢喜。

第四，我的日子过些什么

我们自己可以了解一下，我每一天的日子是怎么过的，我每一年的日子怎么过的？是痛苦，还是快乐？是负担沉重，还是欢喜适意？无论过什么样的日子，都是有因有缘，假如每天能用10分钟来想想：是要制造解脱自在的日子，还是忧悲苦恼的日子？从中反思自己的经验、人格与内涵，你会自我了解，自我放下，慢慢地，会远离庸庸碌碌、不知所为的日子。

如何自我成熟

田里种了五谷,每天都会盼它早点成长成熟;蚕结成蛹,每天也会盼它早日破茧而出;人处身这个世间,当然也希望自我成熟。如何自我成熟呢?可以从以下四个方向着眼:

第一,以积钱财之心,积聚学问

颜之推在《颜氏家训》中告诫子孙:"积财千万,无过读书。"积聚钱财固然是人之所欲,过分的贪求,就会为金钱所奴役。若以积钱财之心积聚学问,你的学问会很好,你用心探究学问真理,生命的层次会提升,心灵视野会扩大,则不枉费为人一生。

第二,以求功名之心,求取道德

许多人计较功名,讲究利禄,整日追逐而不以为累,连孔子都要慨叹:"吾未见有好德如好色者。"可见好功名、好爱情的人多,好德者少。所谓"趋利求名空自忙,利名二字陷人坑",假如我们能以好功名、求利禄之心,来求取道德,道德必定崇高。而有德之人,他"闹中静察,困时向上",虽处境穷困,内心仍然宽广,即使身处富贵,也能恭敬从容,不致志得意满,忘失自己,这样的人,必定为人所尊崇。

第三，以爱妻子之心，爱敬父母

人间有"爱"，父母爱子女，丈夫爱妻子，尤其儿女结婚以后，爱念妻子更甚敬爱父母，这也是为人夫、为人子者经常所见。如果一个人能以爱护妻子的心，来敬爱父母，让父母获得情感的满足，获得信仰的寄托，远离老病的恐惧，远离不安的烦恼，必定是孝顺的儿女。

第四，以保爵位之心，保全大众

当一个人获得利益、钱财、地位，用心用力地保护，这原本也是人之常情。假如能以保护爵位、事业的心思，来保全大众，一如老子所言："既以为人，己愈有；既以与人，己愈多。"能以为己之心为众，必受大众的拥护。他能具有群我的观念，为人服务，舍己利群，自身也能充实饱足。

成熟，是一种诚恳的谦卑，是一种不虚张声势的实在，是一种了然于心的自我认识，更是一种懂得付出的慈心有情。大凡成熟者，无不以积聚学问、道德，以舍己为众来自我成就。

怎样找到自己的心

生病的人,要找回健康;失业的人,要找份工作;伤心的人,要找到快乐;失望的人,要找到希望。我们一生几乎都在为找事业、找朋友、找财富、找功名而忙碌,甚至一生一世都在寻找,仍然找不到自己想要的。其实找来找去,找自己的心最重要。怎样找到自己的心?有四点:

第一,成就内心的真佛

有句偈云:"佛在灵山莫远求,灵山就在汝心头;人人有个灵山塔,好向灵山塔下修。"每个人心中都有一尊本来佛、自性佛,却在耳娱声色里追逐迷失,找遍外在一切,忽略自家珍宝,空在世上几十年找不到真正的自己,很是可惜。因此,我们要做一个有智慧的人,向心内觅佛,成就内心的真佛。

第二,点亮内心的灯光

现代人强调净化环保、净化社会,其实最主要的,还是要先从净化自己、净化心灵做起。因为我们的心,经常被愚痴、黑暗、无明、烦恼所遮蔽。我们每个人的自性里,都有一盏心灯,点亮这盏智慧的灯、般若的灯,就能赶走无明、烦恼。有谓美容、美颜、美姿,不如美心,点亮内心的灯光,就是美心。

第三,治疗内心的病患

身体生病了要看医生,心理生病了怎么办?有人求神问卜,有人看心理医生,不过最重要的,还是自己做自己的医生,因为自己内心的病,自己最了解。"佛说一切法,为治一切心;若无一切心,何用一切法"?佛陀说法,就是要治众生的八万四千种烦恼病,所谓"勤修戒定慧,息灭贪嗔痴",用戒来治贪,用定来治嗔,用慧来治痴,身心才会解脱清凉。

第四,发掘内心的财富

外在的财富,随时可能因为水、火、盗贼、贪官及不肖子孙等而消失。然而我们心内的财富,是偷不去,也失不了的。比方信仰、般若、慈悲、道德、精进、喜舍、惭愧等,都是心中的财富,这是取之不尽、用之不竭的。你想拥有多少财富,就得看自我发掘多少了。

生活在世间,有人专找门路,有人爱找碴儿,找来找去,只有自找苦吃,自找罪受。唯有找到自家宝藏,心里才会开朗,才会踏实,无论过什么样的生活,都是自在。

自我成就

现代人凡事讲究成就感,播了种就希望即刻有收成,其实,不一定什么事情都得执着要有成就感。好比阳光无私地照射大地、月光无私地给人皓洁,我们也不曾回馈它们什么,但是它们仍旧日以继夜地普照地球上每一个众生。

因此,成就感不只是个人利益的获得,广义来说,除了自利,还能利人的,才是真正的"自我成就"。"自我成就"有四点意见:

第一,内敛伤人的锋芒

有的人个性冲动,不经意就会说话得罪人,做事伤害人。因此,人要经常自我反省,将语言上、面色上、动作上会伤害人的锋芒都收敛起来,让身旁的人感受到你对他的尊重。这么一来,你的锐气减少了,就会得到更多人对你的爱戴,也就是一种自我成就了。

第二,化解人我的纷争

世界上有人的地方就会有纷争;人与人之间难免会因为金钱、感情、人事而有纷争,严重者或是对簿公堂,或是口角不断。然而站在旁观者的立场,不但不要推波助澜,还要能化解纷争,让彼此握手言和、皆大欢喜,才是一种自我成就。

第三,重视集体的创作

这个世间不是属于我一个人的,所谓"一将功成万骨枯",一件事情的成功,需要经过多少人的经验,多少人的智慧,多少人的辛苦,共同来成就,才能成功的。所以,人要重视集体创作,不要个人居功,才是最大的成就。

第四,明白因缘的成就

无论什么事情,能够成功都是因缘和合而成,是很多条件聚在一起才能成就的。好比一栋房子的完成,要有瓦工、木工、设计师、泥水匠、铁工的分工合作,才能成就;一本新书的推出,需要有作者、印刷厂、出版社的合作,才能出版。因此,要明白世间一切都是"因缘所生法",就能明白自我成就的意义。

何谓"自我成就"?不能一味地在功名利禄上下功夫,更重要的是增加内在的能量。

自强

"天行健,君子以自强不息"。世界上主宰自己最大的力量,就是"自强"。人要自信而后可以自强,自强而后能够自立。甚至人都希望幸福快乐,但是幸福快乐不是平白地从天而降,也不是等着别人赐予;幸福快乐一定要靠自己生生不已,靠着自己自立自强,靠着自己自动自发地争取、创造,才能获得。至于如何才能"自强"呢?有四点意见:

第一,丢弃失败的挫折

你有失败的经验吗?失败以后你有挫折感吗?要把它丢弃!有的人经过一次挫折,他堪受不起,从此一败涂地。其实,每一次的失败、每一次的挫折,只要我们能记取经验,则愈是历经困难挫折,愈是未来成就的逆增上缘。所谓"经一分挫折,得一分见识";面对挫折,只要你不气馁,更能养深积厚。所以,跌倒了,要勇敢地爬起来,自然会走得更远。

第二,摒除不轨的行径

我们日常的身、口、意行为与作风,你要经常自我检讨、自我反省,是否合乎规则;假如有逾越规矩,不合法的、不道德的,或是大众所不认可的行径,都要把它排除。你不排除不轨的行为,最后将成为自己的拖累,成为自己前途的障碍。

第三,抹去自私的念头

人生最大的毛病是自私,一个心量狭隘自私的人,处处与人计较,所以往往无法成就大器。但是,"人不为己"确实很难!人都很自私,因为自私的念头经常鼓动自己造罪业、做坏事,所以要把自私的念头去除。能够大公无私,心中自然一片光风霁月,则时时刻刻都能活得心安理得。

第四,忘怀难堪的屈辱

在我们的一生当中,即使是一个再伟大的人物,也难免受到一些屈辱。例如,耶稣曾被门徒出卖,钉在十字架上;释迦牟尼佛曾受提婆达多毁谤,甚至施加伤害;韩信曾受胯下之辱,苏秦曾有父母不以其为子之耻。所以,愈是难堪的屈辱,要能忘怀,才能化为上进的力量。

"将相本无种,男儿当自强"。其实,凡人皆当自强,自强才能活出自信。

自制

所谓"国有国法,家有家规",虽然一般人都不喜欢被人管理,受人制约,但是,一个社会,一个团体,乃至一个家庭,都要有共遵的法则,才能和谐有序。而事实上,法令规矩,都还只是外在的束缚,一个人最重要的是自己要能克制自己。比方你的贪欲心很大,你要节制一点,才不会被欲水淹没;你的嗔恨心很强,你要管制一点,才不会被嗔火烧伤;你嫉妒心很盛,你也要克制一点,才不会自伤伤人。人,如果完全没有克制自我的力量,必定会吃亏。如何克制自己呢?有四点意见提供参考:

第一,静谧能制妄动

经典里形容我们的心:"譬如狂象无钩,猿猴得树,腾跃踔踯,难可禁制,当急挫之,无令放逸。"我们一定有过这种经验:内心常常莫名其妙地妄动,不该想的,它就是妄想纷飞;眼睛不该看的,它偏要看;耳朵不应听的,它就是要听;不该做的事,它就要做;不应该说的,它偏要说;甚至不该吃的、不该买的,控制不了,就是要去吃、去买,这都是因为我们的心妄动,心一动,麻烦也就跟着来了。因此佛陀开示我们:"当勤精进,折伏汝心。"只有静谧能制妄动,心安静不妄动,一切事就能解决,此即所谓"制之一处,无事不办"。

第二,沉稳能制浮躁

"心高,则气傲;心浮,则气躁。"心一躁动,世界也跟着动乱起来了。有人说:"我的习惯就是这样""我的性格本来如此",其实这是可以改变的。生气慢半拍,凡事想一想:"不急不急,安全第一;不急不急,礼让第一;不急不急,尊重第一;不急不急,平安第一。"只要你沉着稳健,任它外在的风雨飘摇,内心自有一方乐土。

第三,宽厚能制褊狭

一个人的心量有多大,成就的事业就有多大,胸怀的世界就有多大。心量褊狭的人,处处与人计较,不但烦恼多,也走不出自己的世界,当然无法成就大器;相反的,宽厚待人者,他包容天地,包容一切众生,视野、气度自然也就宽广起来了。

第四,柔和能制急迫

台湾人有一句话:"呷紧弄破碗。"有时做事太过急迫,反而不易成事。古人说:"沉潜刚克,高明柔克。"柔和的言语,让人感动;柔和的音乐,令人平静。能随顺人的本性而不违逆,称为柔软心。一个有柔软心的人,凡事不着急,不迫促,心平气和,便能从容行事,为人所接受,因此柔和是处世的良方。

工业产品要经得起质量管理,国家法令也要能够因地制宜。君主专制的政权,百姓厌恶;强制的处分,令人反弹;佛教的因果观念,能不须经由法律规章的约束,就能让人自制自律。因此,无论做什么,都不如自制来得可贵。

卷四 | 人我之间

世间上,"人"是最麻烦的动物。
人际之间,除了"我"以外,还有"你";
除了"你"以外,还有"他"。
这些人我之间,各有个性,各有想法,各有主张。

人我之间

世间上,"人"是最麻烦的动物。人际之间,除了"我"以外,还有"你";除了"你"以外,还有"他"。这些人我之间,各有个性,各有想法,各有主张,因此经常造成许多的是非、纠葛。所以,"人我之间"应该如何相处?有四点意见:

第一,以服务代替自了

过去的佛教徒,有些人被讥评为自了汉,就如佛教的小乘行者以及罗汉,他们只顾自己的修行,自己的了生脱死,以及自己如何不受烦恼、轮回,却不问天下苍生的苦难,这是不对的!慈航法师曾说:"只要一人未度,切莫自己逃了"。我们要有同体共生的观念,要有同舟共济的精神,要有服务大众的态度。《阿弥陀经》说:"不可以少福德因缘,得生彼国",服务大众就是广植福德因缘,所以我们要以服务代替自了。

第二,以力行代替玄妙

过去有些法师讲经时,喜欢谈玄说妙,讲得太抽象了,因此让佛法不易被人了解,导致教义不易弘扬。现在我们要以"力行"来代替玄妙,力行就是躬亲实践,就如我们常说的"布施",不是要他人去布施,而是我自己先要布施;佛教说"慈悲",也不是要他人去行慈悲,而是我自己先要有慈悲;佛教说"服务",也不是要他人去劳作,而是我自己要以身作则,身体力行,如此才能让人信服。所以我们要以力行代替玄妙。

第三,以往来代替沟通

今天的世界,虽然是咫尺天涯,但是尽管科技再怎么发达,人我之间还是要有交流。因为人要借由彼此的往来,才能得以在社会上生存;国家亦须透过相互的交流,建立外交关系,才能相安无事。因为从往来中才能建立彼此的互信,才能免除不必要的猜忌,所以,我们要以往来代替沟通。

第四,以实践代替空谈

俗语说:"说道一丈,不如行道一尺。"我们能说多少,就要做到多少,如孟子说:"求则得之,是求在我者也。"你要想有所成就,就必须付出一定的努力,如果凡事不亲身力行,只是空口说白话,就如画饼充饥般不切实际,永远也不可能成功。所以,我们要以实践代替空谈。

自我要求

俗语说:"敬人者,人恒敬之。"人际相处,你希望别人如何待你,首先就要如何待人。人与人之间都是相对的,你待人好,别人自会以礼相待;你待人苛刻,别人也不会好颜相向,这是必然的道理。所以人我之间的因果,其实正是启示我们如何做人的道理。有四点提供参考:

第一,自谦的人,人必佩服

谦虚是做人很大的涵养,一个人能力愈高,往往愈谦虚,因为他"学而后知不足",所以愈懂得虚心求教;反之,一个凡事只略懂皮毛的人,常常自以为了不起,以为天下只有他最博学多闻,所以到处卖弄,此即所谓"满壶全不响,半壶响叮当。"其实,一个人的学问有多少,只要一开口,行家便知有没有?所以真正有学问能力的人,懂得谦虚,别人愈是佩服他;反之,没有内涵的人,愈是卖弄,愈显自己肤浅。因此,做人要如稻穗,愈成熟,头垂得愈低。

第二,自夸的人,人必怀疑

有一些人喜欢自吹自擂,夸大其词地自我宣传;过分夸耀自己,别人反而会对你产生怀疑。因为一个人的好,要由别人来说;

如果自己真有学问道德,通过别人交口称赞,口耳相传,自然邻里皆知,何必要你自己来说？所以,人要自我要求、自我含蓄,不要夸大,不要自我宣传。

第三,自责的人,人必原谅

"人非圣贤,孰能无过；知过能改,善莫大焉。"凡夫众生,难免会有犯错的时候；当自己有错了,能以自责的心、愧疚的心,自我忏悔,必能获得别人的谅解。反之,有的人做错事,还一副理直气壮的态度为自己辩驳,好像错得很理所当然,甚至错不在他；如此态度,自然惹人反感,也就难以获得别人的原谅了。

第四,自助的人,人必成就

谚云:"天助自助者"；儒家也说:"人必自助,而后人助"。一个人要想获得别人的帮助,必先自我奋发、自我图强；你能自立自强、自我要求、自我尊重、自我谦虚,别人必然会乐于协助你、成就你。

人我之间,如果好的事、有利益的事,都让你一个人占尽了便宜,别人自然不会饶过你,所以佛光人的信条:"你对我错、你大我小、你有我无、你乐我苦",这是最好的处世之道,也是与人相处的一大哲学。

祸福自招

"趋吉避凶、求福远祸",此乃人之所愿。然而是福是祸,都各有其因缘。祸福的缘由,就是我们行为造作的结果,所以说"祸福自招"。有四点说明:

第一,不自重者取辱

做人要自尊自重,所谓"人必自尊而后人尊之,人必自侮而后人侮之"。不知自尊自重的人,何能要求别人尊重之。一个人做事能够有规有矩,必能自尊自重;能自尊自重的人,自不会做出自取其辱的事,所以,做人要以慈悲应世,以自重御侮。

第二,不自律者招祸

做人要"宽以待人,严以律己"。律己之道,就是要自己管理自己,自己约束自己。一个人如果不懂得自律,放任自己吃喝嫖赌,所谓"十赌九输惹灾祸",甚至在言语上侵犯别人,在行为上作奸犯科,即使一时逃得过法律的制裁,也逃不过因果、良心的苛责。所以,一个有因果观念的人,他不需经由法律规章的约束,便能自制自律。

第三,不自满者受益

有一位态度傲慢的学者向禅师请法,禅师一言不发,拿起茶壶对着茶杯不断加水。学者不解,说:"禅师,茶杯满了。"禅师回答:"你的心就像这只茶杯,已经满了,所以再好的法水也流不进你的心中。"学者当下大悟,改以谦虚的态度请教。所谓"满招损、谦受益",人不能自满,自满就是自我设限,就像肠胃不好,再好的营养也无法吸收,只有任由它流失,何等可惜!

第四,不自是者博学

一般人常犯的毛病,就是对自己的见解看法自以为是,对别人的所作所行不以为然。常常"自以为是"的人,往往暴露自己的肤浅;虚心就教的人,才能不断学习,才能增广见闻,所以不自是者博学。

俗云:"祸福无门,惟人自招"。祸福的结果,都是我们善恶行为所使然。所谓"人若好善,福虽未至,祸已远矣;人不好善,祸虽未至,福已远矣。"一个人能够认识善恶因果,才不致招祸。

群我之德

人不能离群独居,在团体里与人相处,是一种艺术,也是一种修行,因此,不但要懂得人性,更要注意"群我之德",才不至于为人所唾弃。"群我之德"有六点意见,提供参考:

第一,以好心待人

俗语说"好心有好报",但是有时候你以好心待人,不见得别人一定领情。不过你也不必泄气,所谓"日久见人心",只要你是真心待人好,总有一天别人也会报以善意。所以,好心必有好报,因果绝对不会负人。

第二,以德行服人

"山高鸟飞集,德厚人自亲"。我们和人相处,如果你以势力压人,别人不服气,甚至你很有学问,别人也不一定需要。但是如果你有德行,你做人很慈悲、很诚恳、很厚道,人家就会信服你。所谓"以势力折人,招尤之未远;以道德化人,得誉之流长"。以德服人,人也报之以德,所以君子养德,小人养威。

第三,以真情感人

"情真意自厚",你有真实的情感,真诚地对人慈悲、关爱,真心地去帮助别人、提携别人,你的所行、所为都是真情的流露,慢慢自会近悦远来,因为真情所感,顽石都能点头了,何况是万物之灵的人类呢?

第四,以诚意劝人

人贵存诚,精诚所至,金石为开。别人有过,我们要心平气和地劝告他,但是表达除了重在明确以外,更重真诚。真诚使人信服,所谓"若要人缘好,诚恳莫骄傲";真诚,于人于己,多有帮助。

第五,以笑容迎人

微笑是人际的阳光,我们和人见面了,首先就是一个微笑。微笑能使烦恼的人得到解脱,微笑能使悲伤的人得到安慰。世间最美的是什么?就是笑容;人和人相处,最能沟通的,也是一个笑容。有时候很多不如意的事,大家哈哈一笑,一个笑容可能什么误会都没有了,所以我们要以笑容迎人,以微笑来美化人生。

第六,以慈悲爱人

人之所尊,莫甚于慈悲喜舍。慈悲是人生最大的美德,人与物之间的不协调,可以用智慧去解决;人与人之间的不和谐,可以用慈悲去化除。甚至我们要化导一个人,慈悲的言行、关爱的心怀,比任何东西都受用。慈悲是自己与一切众生共有的财富,所谓"善门有多途,慈悲最是急";发心以成就别人来完成自己,就是慈悲。对人慈悲就是自我结缘,用慈悲爱人,会让彼此和谐自在。

一个人要有未来,要有前途,群我关系一定要相处融洽,一定要主动去关怀别人。

律己行善

《佛光菜根谭》说:"不生恶念,是给予自己的净化;常行善事,是给予社会的美化。"不生恶念就是律己,常行善事则是利人。律己是为自身功德而努力,可以自得其利;行善是为济度有情而发心,能够利益他人。律己行善的内容有哪些?提供四点看法:

第一,耿介严正用以律己

性情耿介、正直,是做人的本来之道,一个善于自省的人,往往律己常严。然而对于自己的过失,固然要严厉苛责,对于他人的错误,则应以宽容的耐心,给予改正的机会,以权巧的智慧规劝引导,令生正确的见解,此即所谓"严以律己,宽以待人"。

第二,忠厚义气用以待人

教人不宜严,但要慈;待人不宜苛,但要宽。假如以严厉的态度来待别人,却用谅解的借口来待自己,那就有失忠厚之道了。而义气则是人与人之间最珍贵的情感,薄情无义者,令人寒心;义薄云天者,令人钦仰。朋友有难,义不容辞地帮忙;急难贫困,仗义疏财协助,都会给人间带来温暖。

第三，真诚勤勉用以任事

无论公司创业、工厂经营、机关上班等等，一件事的完成，都不单是靠一个人就能成功，必定有很多的朋友合作，与很多的关系人合股，这就必须要靠自己的真诚、勤劳，别人才会欣赏，也才能获得信任，委以重责。因此，真诚是事业成功的基础，勤奋是事业成功的动力；相反的，若是见到辛苦，只叫别人去做，自己却享受优待，必定不得人缘，那么距离失败也就不远了。

第四，慈悲发心用以行善

佛教说："法不孤起，仗境方生。"世界上，人我关系是一体的，没有人能独立生活，必须相互成就。因此，做人总要行一点善事来帮助别人，所谓"给人方便，就是给自己方便"。常行善事，热心服务；行善的人没有恶心，对于不善的事，也会舍弃远离，自然能得善缘好运。

《七佛通偈》说："诸恶莫作，众善奉行。"前者就是律己，后者即是行善；中国儒家也说："非礼勿视，非礼勿听，非礼勿言，非礼勿动。"这就是律己的功夫。律己可以减少烦恼，是修身立业的基础；行善可以止息贪欲，是增进人际和谐的良方。律己行善，能为自己带来无尽的福寿。

己立立人

过去儒家主张,大丈夫立身处世,达则兼善天下,不达则独善其身;佛教则主张,做人要持守五戒、广行十善,要自觉觉他、己立立人。如何"己立立人",有四点看法:

第一,己俭而能施人,是为仁也

所谓"富贵之家修道难,贫贱之家布施更难"。一个真正的仁者,则是"解衣推食""守约施博";不但自己能淡泊自甘,勤俭克己,并且还能将自己节俭后所余,布施给贫苦、孤独的人,与人共享,表示自己心中有"人"。这种"仁德"的施予,是仁者所为。

第二,己仁而能寡求,是为义也

自己很仁慈、很慈悲,能够发心利人而别无所图,这是圣贤所为。如崔瑗的座右铭:"施人慎勿念,受施慎勿忘。"又如佛教讲"三轮体空",能够体达我法皆空,而无希望福报之心;甚至若受到呵骂、讥讽等,也能起慈心而不绝布施之念。像这样施人不望报的行为,都是"义"的表现,这种无我无私、舍己为人的仁义道德,更为世间所需要。

第三,己义而能传家,是为礼也

中国自古以来,便以礼传家,孔子说:"生,事之以礼;死,葬之以礼，祭之以礼。"自己有道德仁义，而能将此美德传承给后代子孙，远比留给子孙万贯家财更为宝贵。如《古文观止》中，《冯谖客孟尝君》一文里，冯谖为孟尝君"买义"，终而为其化解危机。所以一个国家社会，宁可少一点钱财，不能缺少道义，"义"才是传家之宝，才是国家之宝，才是人生之宝。自己有义而传家，是为礼也。

第四，己礼而能训子，是为智也

自己懂得礼，还是不够，更要能把"礼"教导给子孙儿女，是谓"义方之训""诗礼之训"。意即自己知礼，且能教诲子孙礼义之道，这才是真正的智者。常见有一些人自己奉行道德，奉行慈悲，可是放纵儿女花天酒地、奢侈浪费，结果儿女不学好，如此纵使你争得了多少的名誉，拥有多少的财富，到最后给许多不肖的儿女荡尽家产，也是划不来的。

《孟子·告子》云：有帮助他人的"恻隐之心"，仁也；有知晓廉耻的"羞恶之心"，义也；有尊重他人的"恭敬之心"，礼也；有分辨善恶的"是非之心"，智也。孔孟之所以为后世所景仰，就在于他们主张人人皆可以成圣贤，就如佛教主张众生皆有佛性，人人皆可成佛一样。因此，在人生的旅途中，每个人都应该仿效圣贤，不但自己本身要做个好模范，更要能推己及人，己立立人。

群我之间

一个人要自我提升,必须靠思想教育来启发;群我的相处之道,则要靠生活教育来训练。有关"群我之间"如何作良好的互动,有四点意见提供参考:

第一,多言是贱卖宝贵的生命

"胶多不黏,话多不甜",说话旨在表达意思、传达理念,着重言简意赅,不可啰唆累赘。但是有的人,一件事情本来三言两语就能沟通,就能说明,但是他一再地重复叙述。或者一场讲演,只有半小时、一小时的内容,非要讲到两小时、三小时不可。讲话太多,不但惹人生厌,而且是贱卖宝贵的生命,所以话不必多,于人有益,才是宝贵。

第二,应酬是浪费有益的时间

现代人的生活,难免要应酬联谊。正当的应酬确有其必要,但是有时候太多无谓的应酬,实在是浪费有益的时间。人的一生能有多少时间,能有多少生命可供利用?有的人不懂得珍惜,总在没有必要、没有意义、没有益处的应酬上浪费时间,实在可惜。

第三,孤独是修养自己的良机

人与人相处不可忽略掌声,但对自己则要无声。因此一天当中,我们有群居的生活,也要有独处的时间。"独处"是要内观,要看无相的世界、听无声的声音。独处的时间并不是读读报纸、看看电视、听听音乐,因为在报纸、电视、音乐里,还是有种种的人我是非、还是有各种嘈杂音声,会扰乱我们不能宁静。所以,孤独静处是要让自己不想、不看、不听,在那样的时刻才能找回自我。

第四,乐群是发挥大众的动力

一个人要能静,也要能动;能独处,也要能乐群。有群众性格的人,就能融入社会,就能与大众相处,就能群策群力,奉献心力,服务人群,这就是带动社会的进步,所以乐群是发挥大众的动力。

"自傲的人难有知交,自私的人难有群众"。与人群相处不但要如水,屈伸自如,尤其要心中有人,时时替人设想。

人我之忌

人要有所作为,必须发大心、立大志、行大愿,摒除一切人我是非,则周围的一切都可以变为成就我们的因缘。至于如何才能圆融人际关系,首先需要注意与人相处之忌,有四点说明?

第一,攻人之恶勿太严

世界上没有十全十美的人,也没有永远不犯错的人。当别人有了过错、缺点,或是不良习惯时,我们要纠正他、规劝他,但不能过分严厉地指责他、攻击他;太过严厉,则如同恶狗,你打它,它更咬你。所以"论人之恶勿太过,要思其堪受";凡事留一点余地给人,这也是做人应有的厚道。

第二,教人之善勿太高

人类文明之所以能不断进步,是因为有教人的胸怀,才能把经验传承下来。但是有的人热心过度,一心想把自己所能倾囊相授,例如教人计算机、打字、音乐、绘画等。甚至要求人要有道德、有慈悲,要如何做人、处事等等。教人本来是很美的善事,不过"教人之善勿过高,当使其可从"。你要求太高、太多,他做不到,就觉得很辛苦,甚至感到厌烦,干脆不学了。所以谆谆善诱,因材施教,这是教人之道。

第三，称人之是勿虚伪

称赞别人是一种美德，但赞美要得体，不能过分，不能虚伪，否则反令人有一种被讽刺的感觉，不但适得其反，甚至还可能被讥为拍马屁。例如对于一个很有慈悲心的人，你就直接赞美他很慈悲，而不要说他很有智慧；对于一个长相平凡的人，你可以称赞他很有气质，但不一定说他很美丽。所以称赞要恰如其分，要出于真诚，千万不可虚伪。

第四，责人之非勿武断

世界上的是非、好坏、对错，并非全然绝对的，有时候因为立场不同，对同一件事就有不同的看法和见解。所以当我们责备别人的不对时，千万不能太武断，不能只站在自己的立场判断是非，何妨换一个立场想一想别人，也想一想自己。一个能举千斤之重的人却不能自举其身，这是明于责人、昧于恕己者最好的例证。

"知人之过易，明己之过难；责人之失易，省己之失难"。人我的相处，以不违情理为自然。能够处处不搅人我，自然没有是非。

交友之忌

古人说："在家靠父母,出外靠朋友。"说明朋友的重要。朋友之间来往,应该注意些什么?《孛经》记载:"结友不固,不可与亲,亲而不节,久必泄渎。如取泉水,掘深则浊,近贤成智,习愚益惑,数见生慢,疏则成怨。善友接者,往来以时,亲如有敬,久而益厚。不善友者,假求不副,巧言利辞,苟合无信。"可见结交朋友,也必须有所选择。结交朋友有什么顾忌吗?有四点意见,提供大家参考:

第一,不忠的人不可用

三国诸葛亮"竭股肱之力,效忠贞之节,继之以死"的精神,至今令后人敬佩。相反,宋朝秦桧挟金人以自重,陷害岳飞,致国家于不利之地,连三岁小儿也唾弃。因此,一个人的忠贞与否,实在不可忽视。假如对国家没有忠心,对工作没有忠心,对上司没有忠心,对朋友没有忠心,甚至于对妻子儿女都没有忠心,这样的人,千万不可以用,以免被他出卖。

第二,不教的人不可友

颜之推说:"与善人居,如入芝兰之室,久而自芳;与恶人居,如入鲍鱼之肆,久而自臭。"因此不肯受教养、无状不明理的人,不必跟他做朋友。跟他做朋友,只会彼此影响,毫无帮助。

第三,不信的人不可交

信誉是人生的财富,一个不守时、不守约,不守信用、不守承诺的人,教人难以和他交往。因为他变来变去,夸大其词,言行不符。尤有甚者,害你锒铛下狱,声名扫地。所以,不讲究信用的人,不可以交往。

第四,不义的人不可助

有的人贪得无厌,天天只想从别人那里获得利益。有时你给他帮助了,不但得不到他的感谢,还因为他的贪求对你的帮助有所不满。古谚说:"一斗米养一个恩人,一石米养一个仇人。"意思是,帮助人也要有智慧。有义气的人,我们才可以去帮助,否则帮助了一些恶人,不但对自己无益,也会危害社会。

自然益友

大自然是美化环境的画师,调节气候的专家,祛病延年的良医,更是陶冶性情的益友。古今中外,人们多爱以大自然为题,或赞美、或惕厉、或抒发、或排遣;乃至人生路上除了人是我们的善知识外,有时候,大自然的花草树木,也可做为我们的益友。以下提供四点"自然益友":

第一,对绿竹得其虚心

"竹未出土之前便有节,待到凌云总虚心"。绿竹挺直空心,有着宁折不弯的气节与中通外直的度量。诗人多爱以竹为友,例如苏东坡写下:"无肉令人瘦,无竹令人俗。"郑板桥赞赏竹:"咬定青山不放松,立根原在破岩中;千磨万击还坚劲,任尔东南西北风。"在竹子潜移默化的影响下,造就自身超凡脱俗的人格。面对绿竹,反观自身,在待人接物上,应以竹为友,学习其坚定顽强、不屈不挠的风骨。

第二,对黄菊得其晚节

菊花开于岁暮霜降之际,既不与春花争妍,又不夺夏绿风采,在秋霜中散发自性的芬芳。陶渊明一句:"折嗅三叹息,岁晚弥芬芳",道尽菊花高风亮节、兀自芳菲的风范。弘一大师晚年也曾说:"亭亭菊一枝,高标矗劲节"。说明人的一生中晚节最为要紧,许多人年老了,晚节不保,坏了一生的行谊,菊花的形象,格外具有醒世的意义。因此,吾人不论是结交朋友或自身的行谊,都应该像黄菊一样,超然独立,不随波逐流。

第三,对松柏得其本性

"岂不罹凝寒?松柏有本性"。松柏本性青绿,因此,愈是寒冷,愈显得葱茏苍翠。它凌冰傲霜,不惧寒冬,迎受大自然严酷的磨炼,不因艰难而退却;在万物枯落萎败,大地呈现一片萧条气象时,仍保有一身翠绿,展现盈盈生机。所谓"岁寒,然后知松柏之后凋也"。面对松柏,我们应与它为友,学习其风骨,在艰难中仍保持直立独行的本性;处于逆境仍能耐得住,守得了。

第四,对芝兰得其幽芳

有一次,孔子自卫国返鲁,见芝兰在深谷中飘逸,即下车说道:"兰当为王者香,今乃独茂,与众草为伍。"他悲怜芝兰应为王者香,却被冷落在深谷中;虽与草木为伍,仍不因此而改节。芝兰幽芳香味远扬,它不浓烈,却长久,不是阵香,却清远;让你闻其清香而心旷神怡。一个人的思想品性也要如芝兰般,有着君子的德性,在自己的言论行为上,表现着真诚与芳香。

孔子说:"益者三友:友直、友谅、友多闻。"从绿竹、黄菊、松柏、芝兰,展现对生命坚持的态度,生命存在的价值。人的一生能结交如此益友,对自身行为品格的提升,影响匪浅。

世间逆增上缘

　　身处一半一半的世间，顺境、逆境无不在我们生活周围交替发生着。顺境固然是助人成功的跳板，逆境同样可以激发心志，而成为逆增上缘。如果没有专制的厉声，哪来慧远大师"沙门不敬王者论"的出世呢？因此，我们遇挫折要能不折心志，要能勇往直前，奋起飞扬。这世间有哪些逆增上缘？提供四点与大众共勉：

　　第一，世风日下皆是向上之阶

　　"世风日下，人心不古"，是身处世间的我们常哀叹万分的憾事。然而世风虽日渐浇薄，却正是我们磨炼心志的炼金石，也是我们成熟人格的阶梯。佛陀说："高原陆地不生莲花，卑湿淤泥乃生此华。"即是开示凡事不经山穷水尽之际的振作奋发，就无法领略柳暗花明的幽趣。因此，愈是世道衰微，愈应发愤有所作为，发愿向上有成。

　　第二，世路风霜皆是练心之境

　　世间路时而平坦无折，时而崎岖艰辛，要如何面对人生的顺境或逆境？先贤告诫我们"对境练心，对人练性"，意即借八苦等种种境遇，以启未来的大机大用。当然，先决条件是坦然而甘愿地接受每次因缘;唯有逆风扬帆,借此磨炼心性,才能开发智慧,进而丰富我们的生命。

第三,世情冷暖皆是忍性之德

清朝巡抚张伯行一世清明,但也因此一生孤立。他饱尝官场冷暖,屡遭同僚排挤,虽知清官难为,也宁愿孤立而不随波逐流,终为自身留下"天下第一清官"的美誉。诚然,时序尚有春夏秋冬,世情又岂无冷暖炎凉。一个有智慧的人,面对世情寒冽,他不但无所畏惧,反而会借此考验,培养忍性之德,训练自我坚强之志。

第四,世事颠倒皆是修行之资

世事不免倒果为因,颠倒黑白,倘若抱持愤世嫉俗的观念,只会让人堕落,丧失上进的意志。反之,以"夫善者是诸恶之师,恶者是万善之资"的积极心态,面对颠倒的世事,就能长养我们的慈悲心、平等心。

梅花因耐得住霜雪才显露芬芳,雄鹰因经得起暴风才能搏击长空,皮球不用力拍击如何蹦得高,石灰不经烈火焚烧如何清白留世?禅门祖师不也道出:"热往热处走,冷往冷处去。"足见身心必经一番淬炼,方能成就珍贵的法身慧命。

积极的群我关系

我们生活在群居的社会,比方家庭里有父母、兄弟、姊妹、夫妻、儿女的伦理关系;社会上,机关、学校、朋友有从属、同侪、师生等人际关系,彼此间互有因缘,相互依存。人不能离开群众而独立生存,因此,群我关系的经营,就显得非常重要了!如何才是积极的群我关系?

第一,我对大众要慈悲

如何慈悲?就是人我对调。处众任事,时时想到"我要替别人着想""我要与对方互换立场",就是慈悲。人之所尊者,莫过于慈悲的人,因为慈悲是人生最大的美德,慈悲没有敌人,人与人的不和谐,都可以用慈悲来化解。《大丈夫论》里说:"一切善法皆以慈悲心为本。"慈悲,会得到大众的欢喜,别人也会愿意和我们来往。

第二,我对朋友要真诚

我们与人为友,必须问自己想交什么样的朋友?希望获得真诚的朋友,自己就要拿出真心,以道德、义气、诚信来对待。有的人在相处多少年以后,因为一点误会而翻脸不相识,情义随流水而去,实在划不来。因此不要抱着贪图他人利益的心态,要给人感觉到我们的诚恳、踏实，才能得到患难见真情的友谊。

第三，我对身心要净化

我们的身体有老病死，心里有贪嗔痴，所以身心有疾病、有脆弱、有无明、有烦恼，这都关系着我们的苦乐。想要消除这些忧悲苦恼，就必须从身心净化下功夫。佛门里的反省、忏悔、惭愧、皈依、发愿、回向等种种方法，都可以让身心达到净化与安定。

第四，我对社会要结缘

一个人要在社会上立足，最重要的是要广结善缘。尤其在彼此关系密切的现代，就是从政，也要讲求行政的资源，就算创业，也需要人际的协助，结缘才能有因缘。除了担任义工、布施金钱以外，一句柔软的语言、一抹温暖的微笑、一个善意的眼神，甚至以智慧引导别人、以技术传授他人，都是结缘的方法，都能给予人力量与帮助。勤于结缘，日后必定为自己带来好因好缘。

佛教以僧伽、和合众来表达对群我关系的重视，依"六和敬"来维系人事的和谐；而极乐世界里"诸上善人，聚会一处"，也都是因为群我和谐。因此，现代人讲求各种经营，若能将群我关系经营得好，不但生活愉快，做起事来，也会格外地顺心如意。

积极的物我关系

我们出生、立足在这个社会生活,不但和"人"有关系,和"物"也有关系;可以说物质占了生活主要的部分。比方要房子、要汽车、要衣服、要床铺,还希望有更多的田产、黄金、股票等,这些都是对"物"的需要。

人固然不能没有物质来滋养,但是,过分地纵欲、贪图,容易造成"物""我"关系的不协调,甚至为了一点虚荣,甘愿屈膝做牛做马,这都是非常危险的。怎样才是建立积极的"物""我"关系?有四点看法:

第一,我对衣食要朴素

生活中,我们穿衣主要为了保暖避寒,只要整洁、得体,不必太过华丽;饮食也如汤药,主要让我们避免饥饿,因此应以简单、朴素为原则,获得健康营养。佛门有云:"口中吃得清和味,身上常穿百衲衣。"粗茶淡饭里,有甘美的妙味,粗布衣裳里,有无上的庄严。淡泊,就能不为物所役,就能感受自在的乐趣,体会轻安和解脱。

第二,我对经济要善用

佛教不是叫人绝对不要财富,如果把钱财用在非法的地方,当然就造罪了。如果把钱财用在对的地方,比如发展正当事业、提升社会经济,乃至修桥铺路、救助他人,提高人间种种建设,这都是有功德的。因此,对于金钱、经济,要懂得善用规划,这好比我们的拳头,用在好的地方,可以替人捶背、服务,可是打你一拳,用在不好的地方,可能就是犯罪,甚至被告上一状了。

第三,我对自然要保护

我们生活的环境,离开不了大自然,河流如血脉,可以顺利运送养分;森林如心肺,可以做良好的空气调节;高山如骨骼,可以保持水土的均衡;动物如细胞,可以维护生态平衡。目前全球性环境污染和生态破坏所造成的危机,已经开始威胁人类的健康,因此生态及大地资源的长久维护,才能让后代的子孙在地球上安居乐业。

第四,我对逆境要克服

在自然界里,蝴蝶必须经过蛹的挣扎,才能破茧而出;人的一生,每个阶段也都有各种逆境需要克服,包括生老病死、冷热饥寒、无明恐惧、人情浇薄、自我挑战等等。当逆境界来临的时候,要有克服的勇气,才能超脱困境,获得成功。

人生的意义,不在于满汉山珍;人生的价值,也不在于创造亿万财富。所谓"心为形役、人为物役"。有人以纵情物欲来弥补,只有徒增内心的浮动不安。

护他正法

世间是一个彼此相互依存、相互保护的世界。父母养育儿女,儿女孝养父母;主管爱护部属,部属效忠主管。甚至国家要保障人民,人民也要保护国家,这些都是世间的常态。在生活中,如果每个人都有我要保护他人、我要保护社会、我要保护国家的心,如此一定能建设一个安定祥和的社会。所以"护他正法",就是自利利人的善举,有四点说明:

第一,护他不使作恶

我们保护一个人,最重要的,是要让他不做坏事,这才是真正地爱护他。如果只是给他饭吃、给他钱用,让他吃住无虞,但是他拿了钱去吃喝嫖赌,做一些伤风坏俗的事,这就不是保护了。所以,最根本的方法,就是教导他正确的人生观,以及明辨是非善恶的能力。除此之外,还要让他懂得珍惜生命,学习自爱爱人,如此才是真正的保护。

第二,护他不使骄慢

一个人如果骄傲、我慢、自大、无礼,不但交不到知心朋友,甚至处处碰壁,凡事难以顺利。所以,我们要保护亲朋好友,就要劝导他们待人要谦虚，做人要有礼貌，凡事能多为他人设想，这才是真正的保护他。在团体里，谦虚才能得到人缘；在社会上，谦虚才能得到助缘；在人际往来中，谦虚才能得到善缘。所以，你要保护他人，就应该教导他谦虚不骄慢。

第三，护他不使懒散

每一个人都是独立的个体，每个人都有自己的人生要过，所以，保护一个人，就是要教导他勤劳负责，让他有独立生存的能力。现代的孩子，大都在父母过分娇宠中成长，以致失去求生的能力，以及缺乏在艰苦中奋斗的精神。所以，你要保护孩子，应该从小教导他洒扫应对，凡事让他自己亲身去做，你只是从旁观察协助，如此才能激励他勤劳奋发，以及培养他自我克服困难的能力。

第四，护他不使愚昧

一个人成就的大小，能力不是绝对的因素；明理有智慧，更能开创光明的前途。反之，有的人因愚昧邪见而听信谗言、误入迷途，往往造成无法挽回的憾事。归结原因，因为不明理而性格怪异，因为没有智慧而无法接受他人的善言，终而行为无所忌惮、思想乖舛谬误。所以，我们要保护一个人，要使他明理不愚昧；让他不受愚痴、邪见之害，才能确实地保护他。

这个世间，"人人为我，我为人人"。我们希望周围的人都能顺利平安地成长，都能过着美满快乐的日子，就要培养他负责尽责、勤劳务实、谦虚有礼、明理有智慧，如此才是真正爱护他、保护他。

使人信受

在佛教的经典里,每部经都是以"如是我闻"开头,以"信受奉行"结尾。这是因为当初经藏结集时,阿难自言听闻于佛陀之言行。又"如是"意为信顺自己所闻之法,"我闻"则为坚持其信之人;"信受奉行"则谓信受如来所说之法而奉行之意。

佛陀之所以能让弟子信受奉行其所说之法,因为佛陀三觉圆满,万德庄严,佛陀的八千威仪、六度万行,都是佛弟子们学习的目标。我们做人,要让人家相信我们、接受我们,必须先树立自己的形象,建立自己的威信,让别人肯定我们、佩服我们,这样我们所说的话,才能使人相信、接受。所以如何使人信受?有四点意见:

第一,说话要言行一致

做人重要的是,要言而有信,说话算话;言行合一,这就是信用。一个人如果言行不一致,说话不守信用,对人的承诺不能兑现,这样的人不但信用破产,人格也会被人看轻。所以,言必信、行必果,言行一致的人,说话才会令人信受。

第二,行为要内外一如

一个人的行为要表里如一、内外一致,不能内心想的是一回事,外表做的又是一回事。内外不一致的人,让人猜不透你的心思,更无法亲近你、信任你。所以,一个人诚于中,形于外,对于自己的思想和行为要一致,内心是怎么想,话就怎么说,千万不可心里想这个,嘴里说那个,口中这样说,行为又那样做,否则别人会对你的言行大打折扣。

第三,做人要前后一般

做人最忌人前一个样,人后另一个样,前言不搭后语,自相矛盾。这种人在人前表现的是尊重、恭敬,好像煞有介事的样子,到了事后却完全不是那么一回事,甚至背后批评你、毁谤你。久而久之,假面具被人撕破、给人拆穿之后,有朝一日,即使你以好意待人,别人也不会相信,所以做人要紧的是,对人要前后一般。

第四,做事要大小一同

一个人要有平等心,平等是宇宙的真理,有平等心才能与真理相应。有的人只想做大事,小事他看不上眼,到头来却是一事无成;有的人只做小事,大事不敢做,这也太没有志气了。所以我们做事情要大小一同,等无差别,以平等心来处理,以同理心来面对,要能"大事敢担当,小事不拒绝",自然能受人信赖,自能开创出自己的一片天空。

如何使人信受?有慈悲心的人能令人信受,待人诚恳的人能令人信受,做人厚道的人能令人信受,有威严、有魄力的人,都能令人信受。

与人相交

一个人打从出生开始,便不断地接触各种人,和不同的人生活、相处,包括家人、朋友、同事、情人、上司、部属,甚至陌生人等。因为人要在世界上生活,便脱离不了社会,离开不了人群,因此,懂得与各种人相交,就是最好的修行。

世间的人,有的人能与别人共患难,却无法同享福;有的人只能做朋友,却无法与人共事;也有的人可以当亲密的情人,却无法做恩爱的夫妻,这是因为不懂得角色更换时的相处模式。因此,要如何与各种不同的人相交?有四点意见:

第一,与君子交,要以道义

古德云:"交情不求益吾,交益吾则亏损道义;道义亏,必见人之非。"因此,人贵真诚,待人以真、待人以诚,这就是真情道义。在我们身边的同事、朋友当中,大部分都是君子,都是好人;当我们和君子、好人来往时,便要讲道义、讲信用,不但讲话要有理,做事要有理,凡所有一切都以道义为先,否则失去人格,必然受人唾弃。

第二,与小人交,要以礼貌

当然,在我们的生活周围,除了大部分正人君子以外,还是有少部分势利眼的小人,甚至坏人。与这种人相交,愈是要讲究礼貌,因为你没有礼貌,他就会跟你计较,甚至报复你。所谓"礼多人不怪",尤其和一些工于心计、喜欢计较、心量狭小的人,我们要很有礼貌,要恭敬他、尊重他,这样才不会吃亏、受害。

第三,与邻居交,要以诚信

对于平日经常接触的人,例如邻居、同事、朋友等,与他们的相处之道,则必须先树立自己的形象,建立自己的诚信。也就是说,对于你的朋友、邻居、同事们,应该要诚诚实实的,保持信用,这样才能让他们信任你,欢喜与你相交。

第四,与部属交,要以恩惠

假如你是公司的主管,对于部下、组员该如何来往?如果要让部属心悦诚服地接受你的领导,必须施恩惠给他,要重用他、信任他,给他机会,让他发挥,使他有成就,这样他才会替你效命、做事。

人与人相交,要懂得珍惜相处的缘分;能惜缘、懂惜缘、会惜缘,才会有人缘。

身心修养

人有身心,才有生命;有生命,就有身心活动。透过身心来从事一些有益人我的事业,这就是生命的意义。所以,人要不断地修养身心;身心健全,才能圆满生命的价值。"身心修养"有四点看法:

第一,傲不可长,傲长则人厌

做人要有骨气,要有自尊,有时我们感觉这个人全身上下充满嶙峋傲骨,甚至有一点傲气,反而对他心生敬重。但是,人可以傲骨,也可以有一点傲气,却千万不能傲慢,傲慢则人人讨厌。我们看到社会上有许多人,"满瓶不动半瓶摇",也就是说,有的人仗恃自己有一点学问、专长,他就夸张、卖弄,自以为是的傲慢不已。其实,瓶子里的水,满满一瓶的时候任你如何摇晃他都不动,只有半瓶的反而咕噜作响;这种人不但让人看轻、嫌恶,而且也是做人失败的危险信号。

第二,欲不可纵,欲纵则伤身

佛教讲,"欲"有善法欲,有染污欲。善法欲就是我要读书、我要行善、我要成佛,这都是"善法欲"。"染污欲"就是对财、色、名、食、睡等五欲的贪求。例如,有的人好财,有的人好色,有的人好名，有的人好吃，有的人好睡。人有欲望，本属正常，尤其善法欲可以多多益善，但是染污欲则不能放纵，所谓"欲纵则伤身"，佛经更把"财色名食睡"比喻为"地狱五条根"；过分放纵身心去贪着五欲，不但伤身，而且有欲火焚身的危险，所以做人"欲不可纵"。

第三，志不可满，志满则遭怨

人要立志，有志才会有成，否则胸无大志的人，终将一事无成。但是，当一个人功成名就的时候，切忌太过志得意满，志满则容易遭怨。因为世间上有很多人"见不得别人好"，当你有成就的时候，他就心生嫉妒，甚至毁谤你、阻碍你。所以做人要谨守"你大我小、你对我错、你好我坏、你有我无"的处世哲学，能留给别人一些空间，别人也才会放你一马，否则志满意得，容易遭人怨恨。

第四，乐不可极，乐极则生悲

"过犹不及""物极必反"，这都说明世界上很多时候，太多、太少都不好，最好能够"不偏不倚"的过一种中道的生活。例如人都希望追求快乐，但是快乐也要懂得节制，否则乐极也会生悲。比方有人好吃美食，吃得太多，只有让肠胃受罪；有的人贪名好利，但是名太高了，所谓"爬得高、跌得重"；有的人不义之财太多了，遭到清算斗争，倾家荡产。所以，人生有时候要懂得留一点余地，才有回头转身的空间。

老子说："人之大患，在吾有身"，身体虽然给我们带来莫大的忧患，但只要我们好好修养身心，让自己能够身心自在、生死无惧，则何患之有？

慎心进德

人,所以为人钦仰,在其散发的气质与涵养,成就之要,就在慎心进德。有谓"心正,则本立;本立,则道生;道生,则心净;心净,则自然"。一个人最重要的是心要正、德要厚,自然别人也会宽厚诚意以待。如何慎心进德呢?

第一,读书者不会卑贱

曾国藩云:"凡富贵功名,半由人事,半由天命;唯读书做人,全凭自己作主。"读书可以改变自己,改变气质,甚至改变未来;读书的人,不怕出身低,读书的人,人穷志不穷。读书,可以提升我们的学识涵养,升华我们的生命层次。日本人随时随地,人手一书;以色列的家庭,可以没有餐厅,不可缺少书房;佛门的藏经阁,与大殿、斋堂同等重要。现代社会日新月异,更应鼓励读书、提倡读书,增添家庭书香味,建设书香社会,提升全民素质。

第二,守田者不会饥饿

所谓"没有天生的释迦,自然的弥勒",世间各行各业,没有不精勤努力而能成功的。只有勤奋不懈,才能够获得成果。务农者,把田守好,就不怕饥饿;做工者,把工厂经营好,把工作做好,自然不怕失业。不论做任何事,只要踏踏实实、稳扎稳打,守住自己的本分,就不怕失败了。

第三,积德者不会造业

要身口意不造恶业,应当积德培福。《法苑珠林》说:"一善念者,亦得善果报;一念恶者,亦得恶果报,如响应声,如影随形,是故善恶罪福各别。"如果一个人满脑子都是贪嗔痴的恶瘤,牵引身行造业,自然也是贪嗔、愚痴之举。相反的,眼睛所看的,都是有德的人事物,耳朵听到的,都是有德的音声,口里所说的,都是有德的话,心中所想的,都是有德的念头,眼、耳、鼻、舌、身、心都与道德、善美相应,你怎么会去造恶业?你怎么会贪嗔愚痴?因此,积德者不会造业。

第四,择交者不会失败

在进德修业上,有善友提携,就不会走到偏斜;择交之人,不是有学识而已,更要有道德、有慈悲、有信仰、有正见。他会给人鼓励不泄气,他会启发正见不邪知,他会给人无畏不恐怖,给我们助缘,给我们帮助,增加我们的道德,这样的人,你与他往来,就会"如雾露中行,虽不湿衣,时有润泽"。

中道

"中道"是离开相对、极端的两边,是一种不偏于任何一方的中正观点和方法。中道不仅是佛教的根本思想,儒家也认为待人处事应该不偏不倚,无过无不及,孔子即言:"中庸是道德的最高目标"。又说:"君子中庸,小人反中庸。"因此,我们做人不要太冷或太热,不要太亲密或太疏离;做事不要太偏左或太偏右,也不要太高或太低,最好的方法是中道。做人处事怎样奉行中道呢?

第一,利害心愈明,则亲属不睦

我们跟亲属来往,如果太重视利害关系,必定无法与他们和睦相处。《四分律》云:"难与能与,难作能作,难忍能忍,密事相语,不相发露,遭苦不舍,贫贱不轻,有此七法,名为亲友。"在利害得失的时候,要厚道一些,不要太过计较,才能维持亲属之间的和谐关系。

第二,贤愚心愈明,则交友不长

我们交朋友,当然要选择贤能的人。不过,有些和我们有缘分,或曾帮助过我们,却资质平庸的朋友,也不能嫌弃或排拒。在交朋友时,如果把善恶、贤愚、好坏、贵贱分得太清楚、太明白,朋友也不敢和我们相处。所以,朋友之间要互相帮助、提携,互相友爱、砥砺,才能成为金兰之交。

第三,是非心愈明,则修道不成

社会上,学佛修道的人很多,我们在学道时,不可以有很多的是非看法。因为是非太明,就会有很多妄想;是非得失的心生起,修道就不能成功。所以,禅堂的教学法是"打得念头死,许汝法身活"。惠能大师也说:"不思善、不思恶,正与么时。"得以亲见本来面目,就是这个道理。

第四,好丑心愈明,则事物不契

大凡人心对事物的看法,都是好美恶丑,但是,美与丑并没有一定的标准。有时候我们觉得丑陋的,可能是个好东西,因为精美的物品,通常容易毁坏,而又粗又丑的反而很耐用。所以,鉴别美丑的心太过明显,对一切事物就不容易契合。最好能扩大自己的心量,如同大海一样容纳百川,任何肮脏丑陋的东西都能包容,方能体会心物一如的境界。

中道的品德,如同含有薄盐的水,虽咸却没有苦涩的味道,虽淡却非索然无味。具有中道品德的人,望之俨然,接触时却让人感到很温和,而乐于亲近。

德化之美

每个人都希望自己做个"杰出"的人,杰出的条件,除了能力、智慧之外,还要有道德和声望。尤其有道德才能养望,所以,做人要培养自己的美德,要重视"德化之美"。有四点意见:

第一,贫以无求为德

有的人虽然贫穷,但是他不贪求、不妄求、不作非分之想,表示他心里富有。所谓"有求哪有无求好""进步哪有退步高",我们不要以为无求就没有,就是因为富有才无求。所以,一个有德的人,他以"享有"代替"占有",他会"拥有"更多、更好。

第二,富以能施为德

什么叫富有的人?并非有钱的人就叫作富人,有的人有钱不肯喜舍,有财不会善用,反而做了钱财的奴隶,这只是有钱的穷人。反之,有的人欢喜施舍,所谓"舍得",能"舍"才能"得",富有的人能施,那才是真富,才是有德的富者。

第三,贵以敬人为德

什么叫作贵人?贵人并非指做大官、有地位的人。有的人官大、权位高,但遭人唾骂、遭人看不起的,为数不少,这就不叫作"贵人"。那什么是贵人呢？待人以诚，敬人以爱的人，时时以人为念，不以自己高人一等而轻视别人，反而助人于艰难，容人于无理，这种有容有量的人，才是一般人的贵人。

第四，贱以忘势为德

有的人虽然出身贫寒，但是他靠自己的努力，奋发向上，他不以趋炎附势、攀附权贵为晋升之阶，甚至无惧于权势，在有权有势的人面前，勇于发出正义之声，这种道德勇气，比权势更有力量，更能慑服人心，更能受人敬爱。

口舌之忍

自古以来,先贤圣者都是劝人要涵养"忍"的功夫。忍,要忍什么呢?有时候要忍气、忍苦,有时候要忍难、忍辛,最重要的,就是要有"口舌之忍"。什么样的场合要有口舌之忍呢?以下有四点:

第一,对贫贱不作酸语

面对贫穷的人,或是职业低下者,以及一些没有地位的人,我们不能看不起他们、嘲笑他们,或是讲一些酸溜溜、讽刺的语言让他们自觉卑微。看看大地,虽然受人践踏,却是万物之所依,大地虽是秽而不洁,却能生长万物。所以人的贫穷、卑下是一时的,我们不要以一时的荣辱来评断人的一生。

第二,耐炎凉不作激语

在功利主义挂帅的社会,一些有德行而无名位的人,有时候难免受到别人冷言冷语的奚落,甚至因为有心人搬弄是非而受到中伤。有的人会因此沉不住气,发出愤怒、偏激的语言反驳。其实这是没有必要的,因为世态炎凉、人情冷暖,都是世间实相!如永嘉大师说:"从他谤,任他非,把火烧天徒自疲。"只要我们自己能积极向上,与人结善缘,相信所有的讥笑嘲讽,都能雨过天晴。

第三，对是非不作辩语

人要有所作为，首先要能摒除一切人我是非。假如你遇到一些是是非非，不必太过计较，也不必急于辩解，如百丈禅师说："是非以不辩为解脱"。有时候"是非"你越要把它说清楚，是非就越多，反而不辩、不说，"是非"自然会慢慢沉寂。所谓"清者自清"，只要自己无愧于天地，面对是非时，何惧之有？

第四，耐烦恼不作苦语

有时候我们受了委屈、心中有了烦恼的时候，难免会有很多的苦水。但是，烦恼生起的时候，发牢骚、说气话都不见得有用。一个真正坚强的人，越是烦恼反而越安然；能将喜怒不形于色，不发于语，这才是真功夫！孟子说："枉己者，未有能直人者"；只要对自己有坚强的信心，一定能得到肯定，就如草木经过了霜雪反而更茁壮。所以，面对烦恼时，要能耐得住，不作苦语。

黄庭坚说："百战百胜，不如一忍；万言万当，不如一默。"这是说明发言得失的重要。所以我们平时要注意自己的言行，不要随便乱说话，在紧要时刻忍一下，自能免去无边忧患。

惜福

"福报"人人希求,所以每逢过年,只见家家户户门窗贴满了"春"与"福",象征"春满乾坤福满门",平时更是希望"五福临门",朋友之间也莫不相互"祝福",甚至期许"有福同享"。福,就是幸福、好运气的意思,一般人说"福气",但是有"福"就有"气",不如佛教讲"福报"来得究竟。不管是"福气"或"福报",福不是求来的,而是修得的;享福之余,更要懂得惜福。关于"惜福",有四点意见:

第一,昼行当惜阴

世间"一半一半",白天一半,夜晚一半,如唐伯虎的《七十词》说:"前十年幼少,后十年衰老;中间只有五十年,一半又在夜里过了。"在有限的岁月里,古人有"小寐如死""是日已过,命亦随减"的警句,都是教人当"惜时如命"。一个人纵使富甲天下,如果没有时间、生命来享用,也是徒然,所以,要爱惜时间。时间就是生命,浪费时间如同杀生,平时与人约会,能够守时,就是爱惜自他的时间,我们说"节省",不但要节省金钱,更要节省时间。

第二,日用当惜福

日常生活所需用物,举凡一桌一椅、一杯一盘,乃至一针一线都不能随便破坏,甚至一滴水、一片菜叶都不能轻易浪费,因为东西能用时就有它的生命存在,你肆意毁坏,就是减短它的寿命,这也是杀生,更是浪费福报,所以日用当惜福。

第三,说话当惜言

论语说:"一言以兴邦,一言以丧邦。"一句话讲得好,让人心生欢喜,就是舌灿莲花;说话不当,断人希望,无异杀人刀剑。所以孙子说:"赠人益言,贵比黄金;伤人之言,恶如利刃。"佛教也主张"若能闭口深藏舌,便是修行第一方",因为"言多必失""祸从口出",因此说话要惜言。能够"口下留德",更是做人很重要的修养。

第四,遇人当惜缘

俗语说:"相逢即是有缘",人与人相处,不管亲如眷属家人,或是朋友、同事,乃至偶然邂逅只有一面之缘的陌生人,我们都要珍惜当下的因缘,给人一句好话,一个微笑、一点帮助,懂得珍惜点点滴滴的因缘,这是处世的妙方。

福报如同银行里的存款,银行里有多少存款,就要爱惜它,不能随便滥用,不能只支不存,否则终有用完的一天。我们福田库里有多少福报,也要善自珍惜,能够惜福、培福,才会更有福报。